朱祖晦 1902年生，别号景文，经济学家，江苏南京人。先后就读南京高等师范学校、清华大学和威斯康星大学（商业经济MA），最高学历为哈佛大学硕士研究生。曾任美国布鲁金经济学研究院研究员，国民政府设计委员会设计委员等。1933年9月至1938年3月任国立武汉大学法学院经济学系教授。

武汉大学
百年名典

人口统计新论

朱祖晦 著

武汉大学出版社
WUHAN UNIVERSITY PRESS

图书在版编目(CIP)数据

人口统计新论/朱祖晦著.—武汉:武汉大学出版社,2024.1
武汉大学百年名典
ISBN 978-7-307-24112-1

Ⅰ.人…　Ⅱ.朱…　Ⅲ.人口统计学　Ⅳ.C921

中国国家版本馆 CIP 数据核字(2023)第 211320 号

责任编辑:陈　帆　　责任校对:汪欣怡　　版式设计:马　佳

出版发行:**武汉大学出版社**　　(430072　武昌　珞珈山)
　　　　　(电子邮箱:cbs22@whu.edu.cn　网址:www.wdp.com.cn)
印刷:湖北恒泰印务有限公司
开本:720×1000　1/16　印张:17.75　字数:249 千字　　插页:4
版次:2024 年 1 月第 1 版　　2024 年 1 月第 1 次印刷
ISBN 978-7-307-24112-1　　定价:99.00 元

《武汉大学百年名典》出版前言

百年武汉大学，走过的是学术传承、学术发展和学术创新的辉煌路程；世纪珞珈山水，承沐的是学者大师们学术风范、学术精神和学术风格的润泽。在武汉大学发展的不同年代，一批批著名学者和学术大师在这里辛勤耕耘，教书育人，著书立说。他们在学术上精品、上品纷呈，有的在继承传统中开创新论，有的集众家之说而独成一派，也有的学贯中西而独领风骚，还有的因顺应时代发展潮流而开学术学科先河。所有这些，构成了武汉大学百年学府最深厚、最深刻的学术底蕴。

武汉大学历年累积的学术精品、上品，不仅凸现了武汉大学"自强、弘毅、求是、拓新"的学术风格和学术风范，而且也丰富了武汉大学"自强、弘毅、求是、拓新"的学术气派和学术精神；不仅深刻反映了武汉大学有过的人文社会科学和自然科学的辉煌的学术成就，而且也从多方面映现了20世纪中国人文社会科学和自然科学发展的最具代表性的学术成就。高等学府，自当以学者为敬，以学术为尊，以学风为重；自当在尊重不同学术成就中增进学术繁荣，在包容不同学术观点中提升学术品质。为此，我们纵览武汉大学百年学术源流，取其上品，掬其精华，结集出版，是为《武汉大学百年名典》。

"根深叶茂，实大声洪。山高水长，流风甚美。"这是董必武同志1963年11月为武汉大学校庆题写的诗句，长期以来为武汉大学师生传颂。我们以此诗句为《武汉大学百年名典》的封面题词，实是希望武汉大学留存的那些泽被当时、惠及后人的学术精品、上品，能在现时代得到更为广泛的发扬和传承；实是希望《武汉大学百年名典》这一恢宏的出版工程，能为中华优秀文化的积累和当代中国学术的繁荣有所建树。

《武汉大学百年名典》编审委员会

出 版 说 明

《人口统计新论》曾于 1934 年初版，由大华印刷公司印刷。此次收入《武汉大学百年名典》丛书，我社根据 1934 年版本改为简体，校订排版。

此次出版对原著文字进行了精心核校、整理，主要包括以下几方面：

一是对个别字词用法前后不一致、标点符号和明显排版错误等作了修改。

二是书中有一些超大表格，为了方便阅读并保留表格原貌，本书用二维码的形式展示表格内容。

三是有的数据经查证后与该底本有出入，以编者注的形式予以标注。

由于年代关系，旧版中字词用法、人名、地名、学术术语等的写法、译法等具有时代特征，为保持图书原貌，予以保留。

底本成书年代久远，作者仙逝且无法与作者家属取得联系，因此相关著作权所有者看到本书后，烦请与我社联系，以便敬付稿酬。

武汉大学出版社

2023 年 10 月

刘　序

我国缺乏精密详确之统计，固不待言。而人口统计未能以科学的方法普遍调查，尤以为憾。虽内政部去年曾获得全国人口之总数，为四万七千四百万。然调查历数年之久，其间出生、死亡之递嬗，移出移入之变迁，殊足使此项总数失去统计之意义。愚任立法院统计处职务之时，曾提议举行科学的户口调查。并拟就全国农业与户口普查计画，预备同时举行，当经中央政治会议核准，令该处主办，并与其他相关机关会同办理。惟以经费颇巨，而各省奉行中央政令，时日上多参差不齐。故迁延数年，迄未能举行。朱景文先生研究人口统计有年，对于我国户口普查，主张采用拣样方法。固有鉴于经费之限制，然拣样之结果，只能得户口构造之状况。如每户平均人数男女百分数，已婚未婚之成分与年龄分组等等。而全国或全省之人口总数，仍不可得，故拣样方法应与普查相辅而行，普查务求其单简，而普及拣样则不妨从详也。朱君于撰述各国普查制度之后，复详论拣样方法，其意岂在斯乎。

礼记云："学然后知不足，教然后知困。"教固如是应用学术于实际所感觉之困难，更十倍于教学，盖应用之时，对于一切细节不能稍有忽略，而应用统计方法，为尤甚。即以人口普查言之，普查之时日，普查之项目，与表式各项目之确定意义，普查员之选择与训练，无一不须参考各国之成例与本国之政治、经济、社会状况详加研讨，始能采用适当。愚办理统计十余年，时时感觉此种细节之重要。故前年赴日，去年赴欧，出席国际统计会议时，特别考察各国统计行政之详情，亦由于此。此书二三两章，详论各国人口普查与生命注册之方法，足为我国办理人口统计之指针，而附系各国普查与注册表式，尤切实用，国人之掌理户口统计者，允宜人手一篇，以备参考也。

统计科学，虽仿自欧西。然我国户口之数字，屡见史册。朱君曾费不少精力，详加搜讨汇录于此。为研究我国户口统计之极好材料。唯惜咸丰以后之数字，则付阙如。近来西人估计我国现有人口，辄根据逊清末年不完备之户口统计。如美国维尔考克斯教授，两次在国际统计会议宣读论文，皆谓中国人口只三万万，即系误信清末统计之结果，实则民国元年，曾有较佳较详之数字。虽调查未能遍及全国，然就此项数字推测，已可见我国人口实在四万万以上，前年国际统计会议之时，陈长蘅先生曾与立法院统计处，合作撰著论文，估计现时人口为四万五千万左右，统计处陈华寅先生，根据彼时内政部已搜得之数省材料估计，全国总数大略相同。去年国际统计会议在西班牙举行。愚代表国府出席，亦曾撰一论文，讨论民元统计。惜为时间与篇幅所限，语焉不详，朱先生精研人口统计，甚盼其将清末及民国以来之数字，详细研讨于再版三版之时，刊入此书，以饷国人。此实愚所昕夕企望者耳。

民国二十一年三月廿九日　刘大钧序于上海

陈　序

孟子云诸侯之宝三：曰土地、人民、政事。现今政治学者亦谓国家成立之要素有三：曰领土、人民、主权。三者之中又以人民为最要。故尚书言："民为邦本。本固邦宁。"又孙中山先生亦言："建设之首。要在民生。"至于土地则为供给人民生活上所不可缺少之要素。故人类对于土地问题，竞争至烈，奋斗至苦。中山先生民族主义第二讲说："近百年以来中国失去许多领土。所以中国的领土便逐渐缩小。就是十八省以内也失去了许多地方。但是大家至今还不大觉得痛痒。弄到中国各地变成了列强的次殖民地。我们如果再没有办法。无论中国领土怎么样大。人口是怎么样多。终久是要亡国灭种的。"又主权亦为维持国家生存及保障人民生命之要素。中山先生民权主义第一讲说："权就是力量。就是威势。"又说："权的作用，单简的说，就是要来维持人类的生存。人类要能够生存，就须有两件最大的事：第一件是保，第二件是养。保和养两件大事，是人类天天要做的。保就是自卫，养就是觅食。人类要在竞争中求生存，便要奋斗。所以奋斗这一件事，是自有人类以来天天不息的。由此便知权是人类用来奋斗的。"所以一个国家的主权，也是用来对外奋斗的。丧失了主权，就是丧失自卫的力量。丧失了自卫的力量，就会丧失国家的领土和民族的生命。是以一国之存在，必备具上述三个要素。不过三者之中，尤以人民为最要耳。

国家之存在既以人民为第一要素。故人口统计在古今中外各种统计事业中，恒占最要位置。至人口统计之有无进步，则恒随人类生命之重视与否为转移。征诸史乘，在政治修明时代，咸注重户籍行政；在政治衰败时代，则蔑视户口登耗。昔徐伟长有言："治平在庶功

1

兴。庶功兴在事役均。事役均，在民数周。民数周，为国之本也。先王周知万民众寡之数，乃分九职。民数周，九职分，则劬劳者可见，怠惰者可闻。故事役均。事役既均，故上尽其心而人竭其力，故庶功兴。庶功既兴，故国家殷富，大小不匮，百姓休和，下无怨疾。然而治不平者，未之有也。周礼孟冬司寇献民数于王，王拜受之。登于天府。内史司会。冢宰贰之。其重之也如是。及乱君之为政也，不知恤民。户口漏于国版。夫家脱于联伍，避役者有之，弃捐者有之，浮食者有之。于是奸心竞生，伪端并作。小则滥窃，大则攻劫。严刑峻令，不能救也。故民数者，庶事之所自出也，莫不取正焉。以分田里，以令贡赋，以造器用，以制禄食，以起田役，以作军旅，国以之建典，家以之立度，五礼用修，九刑用措者，其唯民数乎。"至今世人口统计之用途，则又较往昔日以加广。皆因国家社会对于个人生命之变迁与种族生命之演进，较往昔愈形重视。故人口统计之方法，亦日求进步。惟政治落后之国家，对于人口统计，尚未切实注意而已。

人口统计之主要方法有二：一为户口调查，二为生命登记。二者相需为用，缺一不可。前者注重静态的人口观察。后者注重动态的人口观察。户口统计，犹夫平面几何。生命统计，犹夫立体几何。二者并重，方能明了一国人口之真相。户口调查与生命登记之用途甚多。在公法方面，如课税、征兵、选举、自治、教育、实业、公安、卫生，各种行政之设施。在私法方面，如人民身份关系之确定，及各种自由权利之保障，莫不需用户口调查或生命登记。又一国欲决定关于数量与品质两方面之健全的人口政策，亦胥赖精密的户口调查，与完善的生命登记。人口统计既如此之重要，顾其事又至繁且赜，欲求精密完善，至少应备具五个条件：一须有良好之法制。二须有专门之人材。三须有确定之经费。四须提高人民教育程度。五须便利全国交通。有此五者，尚须加以不息之努力。然后有济，否则奉行故事，等于具文。欲得正确圆满之结果，直无异缘木而求鱼也。

中山先生所著民族主义、建国大纲，及地方自治开始实行法。均主张清查全国户口。不佞十余年来对于户口调查，亦曾略尽鼓吹宣传之责。对于中国人口问题，颇有所研讨。从各方面作种种观察。虽感觉我国人口问题甚形严重。惜统计材料异常缺乏。故对于人口大调查希望甚切。最近立法院制定户籍法，不佞亦曾忝参末议。现在户籍法业已公布。一俟施行细则详细厘定，便可切实举办户籍及人事登记。至于定期的户口大调查，亦宜制定法规，迅速举办以促进训政之早日完成，及宪政之早日实现。朱景文先生在美国哈佛大学专治人口统计有年。与不佞为先后同学。近著《人口统计新论》详述人口统计之意义。及各国人口调查与生命登记之方法比较。对于中国历代人口统计均有所论列。又对于如何试用拣样法以调查中国之人口，亦有所建议。不佞并劝其附录现行法规，以臻完善。全书材料丰富，品节详明，而且适应时代需要，诚为有志研究人口统计者，及从事编审人口统计者之重要参考书也。

民国二十年十二月三十日　陈长蘅序于首都立法院

自　序

　　芸芸众庶，孑孑以生，软软以食息，俄而成童，俄而就傅，俄而壮，俄而执业，俄而成婚，俄而生子，俄而灾或病，俄而老且死：如是等等，是之谓人生之变化。俾笔而记以数字，退而分析之，夫是之谓人口统计。人生之变化，至繁且赜，故人口统计之内蕴，复以奥。夫岂浅尝者所能尽识哉？统计学分二大类：一曰，生物统计，一曰，人口统计。二者之核衍，穷举世学者之力，曾不足以尽披之。甚矣难哉！吾尝有志于人口统计。夫其奥衍如彼，顾何从自明之乎？志于是有年矣。偶有所得，札而志之，间著于篇。其奥者，核者，不可以猝语，则姑举其近者，要者言之。成文如干首。夫固未足志人口统计于万一也。汇而存之，以当永念。抑吾尝闻，乡人有寝疾而讳医者，闷不医告，疾乃终殆。浅尝如吾者，固不足以志。顾又何惮而不昭示吾之所短，以求药之耶？此吾所以终乃渺成是册也。当世哲士，其亦幸而诏之乎？

民国二十年十一月十日　朱祖晦自序

目　　录

一　人口统计之意义

第一节　导　言

在《民族主义》第一讲，总理首及人口问题。在《建国大纲》第八条，复以户口调查为训政时代之先务。人口问题之重要，诚可想见。社会为人类所组织，一切社会问题，皆与人类有关系。人类发生何种变化，是等问题亦即随之。人口问题者，社会问题之中心也。

研究人口问题，其法有二：第一种方法，是为研究人类随时之生命变化。第二种方法，是为研究人类某一时期家庭、社会、实业之现象。前者为生命注册。人民应将出生、死亡、婚姻等现象随时报告官厅登起之。后者为户口调查。选定一个时期，将人口数目、男女数目、年龄、职业、教育，以及其他各种社会问题，普遍调查之。此两种方法之关系果何如乎？威尔确士教授（Prof. W. F. Wilcox）有言，"生命注册如商店之账簿；户口调查如商店之盘查存货"。此喻至当。盖商店之账簿，所以记载商业交易之变动；盘查存货，所以彻查物货之情形。此正生命注册与户口调查对于人口问题之贡献也。此二者之重要，从可知矣。

第二节　户口调查之意义

户口调查，振古有之。《帝王世纪》曰，"禹会涂山，天下共人口一千三百五十五万三千九百三十三人"。此说本诸《尚书大传》。《尚书大传》又何所本？学者疑之。斯未可以为信也。虽然，自汉而降，史册俱存，历代人口数目，班班可见，故中国之户口调查，至少已有三千年矣。其在西方亦然。古之埃及、波斯，皆有户口调查。希腊之雅典，恒以人口数目为选举之根据。而罗马诸帝，率置人口数目于座右，以备征兵。（罗马每五年调查人口一次）信是则欧洲古代亦有户口之调查也。

更就近代欧、美各国言之。美国之户口调查，始于一七九〇年。英、法两国，始于一八〇一年。德国始于一八〇五年。而北欧之瑞典，更远始于一七五一年。准是言之，即在近世，户口调查，亦为各国所首及者。

往代国家所以首重户口调查，推究原因，厥有三者：

第一原因是为税收。中国自汉高祖以降，迄于清圣祖国家岁课，俱系按户征收。户口数目之大小，实足影响税收之多少。更就外国言之，户口数目之大小，不惟足以影响税收，人民之富力，实为税收之根据。

次就第二原因言之，是为征兵。中国汉代以前，本行征兵制度。唐以前亦常行之。所谓"寓兵于农"是也。欲厉行此等制度，则必确知人口之数目，于是户口调查遂为必不可少之事。试举例言之：周宣王与犬戎战而不胜，乃料民于太原。料民者，户口调查也。更就外国言之：往昔罗马之调查户口，本为征兵。近世各国，其征兵之多少，亦皆以户口之数目为准。

更就第三原因言之，是为选举。希腊之户口调查，实因选举，其例尚矣。近代国家，斯言尤信。美国之第一次户口调查，根本由于筹备选举，我国宣统二年，亦因预备选举而举行之。按照选举之原理，每一地方应举出之代表，其数目应与当地人口数目成正比例。故人口之数目实为选举之根据。

上述三种原因，是为人口调查之简单任务。进一步言之，国家法律之制定、公共卫生之设施，以及国民教育之推广，亦皆以国民之状况为准。是皆有赖于人口调查。故人口调查之于政治，诚如形影之不能离。抑不独政治已也。工商业之于人口调查，亦有密切关系。工程

2

家在建筑各种市政工程之时，某处电车轨道应为双轨抑应为单轨，自来水水管以及下水水管应推广至何处，均须参照当地人口之数目，且须预测当地人口发达之程度。经营商业者，欲知各地之消费量，亦须确知各地之人口数目，及其富力。

虽然，户口调查不仅关系实用方面，一切社会科学咸攸赖之。盖社会科学之研究对象皆为人类之活动也。是故一国人民之数目、年龄之分配、性别之分配、婚姻之情形、职业之种类，以及教育、种族等等问题，旁及于上述各问题之地域分配、历年分配，等等，为各种社会科学之所昕夕探讨者，皆当借助于人口调查。

综上所述，可知户口调查对于社会问题之实行与理论，皆有深切关系。通常仅知户口调查可以求得人口之数目，实则此非户口调查之唯一目的。户口调查者，研究一切社会问题之一工具也。

第三节　生命注册之意义

生命注册，渊源亦古。我国周代，司民之制，载于《周礼》。举凡出生、死亡等项，一一总于闾师。是即生命注册之一种也。自兹而降，其例具见于载籍，而唐代之《手实法》，与夫明、清之《保甲法》，其例尤著。大抵在逊清废帝以前，中国初无独立之户口调查制度，仅附丽于生命注册制度之中。盖亦犹北欧瑞典诸国然也。准是言之，中国之生命注册制度，当亦有三千年之久。

更以欧、美各国言之：荷兰之生命注册，托始于一八一二年。英之生命注册，托始于一五三八年，而其注册总监（Registrar general）则成立于一八三七年。法之生命注册，托始于一五三九年，而其制度则确立于一七九二年。德之生命注册，托始于一八三九年。美之生命注册，托始于殖民地时代。而北欧之瑞典，自一七五一年以来，厉行生命注册而不稍间。准是言之，欧、美之有生命注册制度，亦已数百年矣。

大抵生命注册制度之在欧、美，恒为教士所首创，盖欲以之稽考

3

当地信教者也。中国之生命注册，独为行政官所创设，盖欲以之稽考所抚之人民也。原始之意虽殊，其为人所重视则一。

时至今日，生命注册之重要，已为举世所共认。而出生、死亡、婚姻三种注册，更成为必不可少之事。美国清查局长杜郎（R. Duran）尝譬之曰，"生命注册如商店之进货账，死亡注册如商店之售货账，婚姻注册如商店之转账"，此诚巧譬而喻矣。大抵生命注册实与三方面有甚大之关系：一为人民之乐利，一为政治，一为卫生。

请先言出生注册。此种注册可以证明人民之国籍，可以证明工人之年龄是否合格，此皆关于人民之乐利者。可以使政府确知应受教育之儿量，以及能胜军役之男子，每年究为若干，此皆关于政治者。可以使政府发现染病之产妇与婴儿，而加以治疗，可以使政府发现缺乳之孪生子女，而加以救济，可使各种研究机关发现产妇死亡率之大小，息胎之多少，以及男女之生殖能力为何如，因以进求改善之道。此皆关于卫生者。

次再言死亡注册。此种注册可以使人民得以及时承袭遗产，使公共机关之养老金标准得以确定，可以使寿险公司之营业得以稳常进行，可以使志在迁徙之人确知各地死亡率之大小，而知所选择。此皆关于人民之乐利者。可以使卫生行政获得指南，可以使政府及时减少人民之自杀、仇杀，及其他生命危险。此皆关于政治者。可以确知各种疾病影响之大小，以及传染病流行之处所，及其影响，因以讲求医学防御之道，可以供给卫生研究机关各种材料，因以发现延长生命之道。此皆关于卫生者。

次更言及婚姻注册。此种注册可以证明夫妇之关系，因以维持其结合，而保障其权利。此则关系人民之乐利以及政治者。至于卫生方面，此种注册，关系独少。然借此发现人民结婚之迟早，因以讲求调剂之道，亦不得谓为无关系也。

上述种种，是为生命注册与各种实行方面之关系。实则出生率死亡率等等，实为研究社会科学者之所昕夕注意，然则生命注册与一切社会科学之理论，亦有深切之关系也。

第四节 人口统计之科学化

准上所述，人口统计之重要，可以确见。故当进求优良之人口统计。而科学化之人口统计，遂为当世之所期矣。欲使人口统计科学化，必当确守三个条件：

第一，当使事权集中。能集中然后可以免去三种弊病：第一，可以荟萃人材于一处，以指导各地下级机关。使各地机关不致因经费不足，或缺乏鉴别能力，而任用漫无特种学识之人。第二，可以使各地下级机关，皆遵守一定之办事手续，不致报告之繁简各殊，且可一律按时呈报。第三可以集中经费之支出，而减少各地下级机关之重复开支。

第二，当使调查表格上之问题恰能适应当时各种社会问题。此理前屡言之。兹不复赘。

第三，当使调查问题、调查方法，以及分析方法，正确，简单，明了。此三者是为统计之原则。

上述三条件，是为一般人对于人口统计之要求。欲满足此项要求，固应详细考究各国所用之方法，以资借镜。然尤应细心体会当地社会问题，而免闭户造车之诮。人口统计诚哉难也。

为求人口统计科学化。各国恒有中央统计机关，以指挥全国下级统计机关，借谋指臂之效。虽则德国之联邦统计局仅汇集各邦之人口统计之材料，而分析之。然而各邦所用之调查方法、登记方法，完全一致。故不能视作例外。其足称为例外者，惟斯堪的纳维亚诸国。是等国家，并无下级人口统计机关。所倚以调查与登记者，惟在各教区。中央统计机关又不能指导之。本书后章将详论此种制度之失，且断其不能持久。故此等例外殊不足重视。

各国政府之努力如此。各国学者亦时刻与中央统计机关合作，以谋人口统计之改进。故美国之经济学者与统计学者联合组织清查局顾问委员会（Advisory Committee of Bureau of the Census, U.S.A.）。每岁开会四次，讨论人口统计之改进。近三十年来，美国人口统计内容之充实，方法之完善，实由于此。英国及坎拿大亦有同样组织。

自一八五三年以来，各国统计学者更组织万国统计会（Institut International de Statistique）。其讨论之中心，是为人口统计。举凡人口统计之重要问题，一一详加讨论。且更与各国政府联络，以谋各国人口统计之改进。故不惮列举人口清查应调查之项目，以作模范。不惮讨论各种人口统计方法，以求方法完善。近二十年，该会之讨论调查方法，集中于四者：第一为法律人口与事实人口。第二为语言。第三为职业。第四为年龄。而拣样调查法能否用以调查人口，亦为该会所笃论。其用力可谓勤矣。最近土耳其之调查人口，即由该会推荐拉发业博士（Dr.F.E.Lafayett）主持其事。然则该会之影响世界之人口统计者，又不仅在理论方面而已矣。兹将世界各国历次人口调查时期，及前后两次调查之距离，举示于下：

瑞典 Sweden				
调查时期			前后两时期之距离	
年	月	日	年	日
1749	12	31		
1752	,,	,,	3	
1755	,,	,,	,,	
1758	,,	,,	,,	
1761	,,	,,	,,	
1764	,,	,,	,,	
1767	,,	,,	,,	
1770	,,	,,	,,	
1773	,,	,,	,,	
1775	,,	,,	2	
1780	,,	,,	5	
1785	,,	,,	,,	

续表

瑞典 Sweden				
调查时期			前后两时期之距离	
年	月	日	年	日
1790	12	31	5	
1795	,,	,,	,,	
1800	,,	,,	,,	
1805	,,	,,	,,	
1810	,,	,,	,,	
1815	,,	,,	,,	
1820	,,	,,	,,	
1825	,,	,,	,,	
1830	,,	,,	,,	
1835	,,	,,	,,	
1840	,,	,,	,,	
1845	,,	,,	,,	
1850	,,	,,	,,	
1855	,,	,,	,,	
1860	,,	,,	,,	
1870	,,	,,	10	
1880	,,	,,	,,	
1890	,,	,,	,,	
1900	,,	,,	,,	
1911	,,	,,	,,	
1920	,,	,,	,,	

芬兰 Finland				
调查时期			前后两时期之距离	
年	月	日	年	日
1749	12	31		
1752	,,	,,	3	
1755	,,	,,	,,	
1758	,,	,,	,,	
1761	,,	,,	,,	
1764	,,	,,	,,	
1767	,,	,,	,,	
1770	,,	,,	,,	
1773	,,	,,	,,	
1775	,,	,,	2	
1780	,,	,,	5	
1785	,,	,,	,,	
1790	,,	,,	,,	
1795	,,	,,	,,	
1800	,,	,,	,,	
1805	,,	,,	,,	
1810	,,	,,	,,	
1815	,,	,,	,,	
1820	,,	,,	,,	
1825	,,	,,	,,	
1830	,,	,,	,,	
1835	,,	,,	,,	
1840	,,	,,	,,	

续表

芬兰 Finland				
调查时期			前后两时期之距离	
年	月	日	年	日
1845	12	31	5	
1850	，，	，，	，，	
1855	，，	，，	，，	
1860	，，	，，	，，	
1865	，，	，，	，，	
1870	，，	，，	，，	
1875	，，	，，	，，	
1880	，，	，，	，，	
1890	，，	，，	10	
1900	，，	，，	，，	
1910	，，	，，	，，	
1920	，，	8	9	93

挪威 Norway				
调查时期			前后两时期之距离	
年	月	日	年	日
1787	7	1		
1801	2	1	14	154
1815	4	30	13	24
1825	11	27	10	58
1835	，，	29	，，	1
1845	12	31	，，	9

9

续表

挪威 Norway				
调查时期			前后两时期之距离	
年	月	日	年	日
1855	12	31	10	
1865	,,	,,	,,	
1875	,,	,,	,,	
1890	,,	,,	15	
1900	,,	3	9	92
1910	,,	1	,,	92
1920	,,	1	10	

丹麦 Denmark				
调查时期			前后两时期之距离	
年	月	日	年	日
1787	7	1		
1801	2	1	14	154
1834	,,	18	33	5
1840	,,	1	5	95
1845	,,	1	,,	
1850	,,	1	,,	
1855	,,	,,	,,	
1860	,,	,,	,,	
1870	,,	,,	10	
1880	,,	,,	,,	
1890	,,	,,	,,	

续表

丹麦 Denmark				
调查时期			前后两时期之距离	
年	月	日	年	日
1901	2	1	11	
1906	,,	,,	5	
1911	,,	,,	,,	
1916	,,	,,	,,	
1921	,,	,,	,,	
1925	11	5	4	76

美国 The United States of America				
调查时期			前后两时期之距离	
年	月	日	年	日
1790	8	第一月耀日		
1800	,,	,,		
1810	,,	,,		
1820	,,	,,		
1830	6	1		
1840	,,	1	10	
1850	,,	1	,,	
1860	,,	1	,,	
1870	,,	1	,,	
1880	,,	1	,,	
1890	,,	1	,,	

续表

美国 The United States of America				
调查时期			前后两时期之距离	
年	月	日	年	日
1900	6	1	10	
1910	4	15	9	87
1920	1	1	9	71

英吉利及威尔士 England and Wales				
调查时期			前后两时期之距离	
年	月	日	年	日
1801	3	10		
1811	5	27	10	21
1821	,,	28	,,	
1831	,,	30	,,	
1841	6	7	,,	2
1851	3	31	9	81
1861	4	8	10	2
1871	,,	3	9	99
1881	,,	4	,,	,,
1891	,,	6	,,	,,
1901	,,	1	,,	98
1911	,,	2	,,	,,
1921	6	19	10	21

苏格兰 Scotland				
调查时期			前后两时期之距离	
年	月	日	年	日
1801	3	10		
1811	5	17	10	19
1821	5	28	10	3
1831	,,	29	,,	3
1841	6	7	,,	2
1851	3	31	9	81
1861	4	8	10	2
1871	,,	3	,,	1
1881	,,	4	,,	1
1891	,,	5	,,	1
1901	3	31	,,	2
1911	4	2	9	99
1921	6	19	10	21

爱尔兰 Ireland				
调查时期			前后两时期之距离	
年	月	日	年	日
1815	5	1		
1821	,,	28	6	27
1831	,,	29	10	
1841	6	7	,,	2
1851	3	30	9	81
1861	4	8	10	2

续表

爱尔兰 Ireland				
调查时期			前后两时期之距离	
年	月	日	年	日
1871	4	3	10	1
1881	,,	3	,,	1
1891	,,	6	,,	2
1901	3	31	9	98
1911	4	2	10	1
1921	,,	18	15	5

奥国 Austria				
调查时期			前后两时期之距离	
年	月	日	年	日
1818	1	1		
1821	,,	,,	3	
1824	,,	,,	,,	
1827	,,	,,	,,	
1830	,,	,,	,,	
1834	,,	,,	,,	
1837	,,	,,	,,	
1840	,,	,,	,,	
1843	,,	,,	,,	
1846	,,	,,	,,	
1850	10	31	4	83
1857	,,	,,	7	

奥国 Austria				
调查时期			前后两时期之距离	
年	月	日	年	日
1869	12	31	12	16
1880	,,	,,	11	
1890	,,	,,	10	
1900	,,	,,	,,	
1910	,,	,,	,,	
1920	1	,,	9	8
1923	3	7	3	9

比利时 Belgium				
调查时期			前后两时期之距离	
年	月	日	年	日
1830	10	15		
1846	,,	,,	10	
1856	12	31	,,	21
1866	,,	,,	,,	
1876	,,	,,	,,	
1880	,,	,,	4	
1890	,,	,,	10	
1900	,,	,,	,,	
1910	,,	,,	,,	
1920	,,	,,	,,	

荷兰 Holland				
调查时期			前后两时期之距离	
年	月	日	年	日
1795	1	1		
1812	,,	,,	7	
1830	,,	,,	18	
1840	,,	,,	10	
1849	11	19	9	88
1859	12	31	10	12
1869	,,	1	9	92
1879	,,	31	10	8
1889	,,	,,	,,	
1899	,,	,,	,,	
1909	,,	,,	,,	
1920	,,	,,	11	

匈牙利 Hungary				
调查时期			前后两时期之距离	
年	月	日	年	日
1850	10	31		
1857	,,	,,	7	
1869	12	,,	12	16
1880	,,	,,	11	
1890	,,	,,	10	
1900	,,	,,	10	
1910	,,	,,	,,	
1920	,,	,,	,,	

希腊 Greece				
调查时期			前后两时期之距离	
年	月	日	年	日
1851	4	22		
1861	3	24	4	92
1870	5	14	9	14
1879	6	27	8	95
1889	,,	,,	10	
1896	10	17	7	48
1907	,,	27	11	3
1921	1	1	13	18
1928	5	15/16	7	37

西班牙 Spain				
调查时期			前后两时期之距离	
年	月	日	年	日
1857	5	21		
1860	12	25	3	59
1877	,,	31	17	1
1887	,,	,,	10	
1897	,,	,,	,,	
1900	,,	,,	3	
1910	,,	,,	10	
1920	,,	,,	,,	

纽西兰 Newzealand				
调查时期			前后两时期之距离	
年	月	日	年	日
1858	12	24		
1861	，，	16	2	98
1864	，，	1	2	96
1867	，，	19	3	5
1871	2	27	3	19
1874	3	1	3	
1878	3	3	4	1
1881	4	3	3	8
1886	3	28	4	98
1891	4	5	5	2
1896	，，	12	5	2
1901	3	31	4	97
1906	4	29	5	8
1911	，，	2	4	93
1916	10	15	5	54
1921	4	17	，，	50
1926	，，	20	，，	

瑞士 Switzerland				
调查时期			前后两时期之距离	
年	月	日	年	日
1860	12	10		
1870	，，	1	9	40

续表

瑞士 Switzerland				
调查时期			前后两时期之距离	
年	月	日	年	日
1880	12	1	10	
1888	,,	,,	8	
1900	,,	,,	12	
1910	,,	,,	10	
1920	,,	,,	,,	

意大利 Italy				
调查时期			前后两时期之距离	
年	月	日	年	日
1861	12	31		
1871	,,	,,	10	
1881	,,	,,	,,	
1901	2	9	20	11
1911	6	10	10	33
1921	12	1	,,	48

葡萄牙 Portugal				
调查时期			前后两时期之距离	
年	月	日	年	日
1864	1	1		
1878	,,	,,	14	
1890	12	,,	11	334

续表

葡萄牙 Portugal				
调查时期			前后两时期之距离	
年	月	日	年	日
1900	12	1	10	
1911	,,	,,	11	
1920	,,	,,	9	

德国 Germany				
调查时期			前后两时期之距离	
年	月	日	年	日
1871	12	1		
1875	,,	,,	4	
1880	,,	,,	5	
1885	,,	,,	,,	
1890	,,	,,	,,	
1895	,,	2	,,	
1900	,,	1	,,	
1905	,,	,,	,,	
1910	,,	,,	5	
1916	,,	,,	6	
1917	,,	,,	1	
1919	10	8	2	2
1925	6	16	5	61

坎拿大 Canada				
调查时期			前后两时期之距离	
年	月	日	年	日
1871	4	1		
1881	，，	，，	10	
1891	，，	，，	，，	
1901	，，	，，	，，	
1911	6	，，	，，	17
1921	，，	，，	，，	

保加利亚 Bulgaria				
调查时期			前后两时期之距离	
年	月	日	年	日
1880	12	31		
1884	，，	，，	4	
1887	，，	，，	3	
1892	，，	，，	5	
1900	，，	，，	8	
1905	，，	，，	5	
1910	，，	，，	5	
1920	，，	，，	10	

法国 France				
调查时期			前后两时期之距离	
年	月	日	年	日
1881	12	18		

续表

法国 France				
调查时期			前后两时期之距离	
年	月	日	年	日
1886	5	30	4	45
1891	4	12	,,	87
1896	3	29	,,	96
1901	,,	24	,,	99
1906	,,	4	,,	94
1911	,,	5	5	
1921	,,	6	10	
1926	,,	7	5	

印度 India				
调查时期			前后两时期之距离	
年	月	日	年	日
1881	2	17		
1891	2	26	10	3
1901	3	10	10	3
1911	3	10	10	
1921	3	18	10	2

埃及 Egypt				
调查时期			前后两时期之距离	
年	月	日	年	日
1882	5	3		

续表

埃及 Egypt				
调查时期			前后两时期之距离	
年	月	日	年	日
1897	6	1	15	8
1907	4	29	9	92
1917	3	7	9	85
1927	2	18/19	9	77

俄国 Russia				
调查时期			前后两时期之距离	
年	月	日	年	日
1897	2	9		
1926	12	17	29	84

罗马尼亚 Roumania				
调查时期			前后两时期之距离	
年	月	日	年	日
1913	2	1		

日本				
调查时期			前后两时期之距离	
年	月	日	年	日
1920	10	1		
1925				

爱斯兰 Iceland				
调查时期			前后两时期之距离	
年	月	日	年	日
1920	12	1		

拉弟维亚 Latvia				
调查时期			前后两时期之距离	
年	月	日	年	日
1920	6	1		
1925	2	10	4	251

捷克斯拉夫 Czechoslovakia				
调查时期			前后两时期之距离	
年	月	日	年	日
1921	2	15		

波兰 Poland				
调查时期			前后两时期之距离	
年	月	日	年	日
1921	9	30		

南斯拉夫 Yugoslavia				
调查时期			前后两时期之距离	
年	月	日	年	日
1921	1	31		

依斯兰尼亚 Islannia				
调查时期			前后两时期之距离	
年	月	日	年	日
1922	12	28		

立陶宛 Lithervania				
调查时期			前后两时期之距离	
年	月	日	年	日
1923	9	17		

二　各国人口清查法之比较

第一节　导　言

　　人口清查之目的，不仅在于求得人口数目。然当人口清查发轫之时，各国政府所欲急知者，恒限于此。在过去数千年中，我国之人口统计仅有人口数目。顾又不能作为信史。时至今日，中国人口究为若干，犹多聚讼。各国学者恒根据《政治官报》所载内务部进呈户口额数之奏，以估计中国人口数目。自吾观之，该项统计本系汇集各县造报之户口册，此等户口册是否可靠，殊属疑问，然则此项统计，仅足视为一种传说而已。不独此项统计为然，即从前中国史书所载之人口数目，亦多可疑之处。故亦仅足为传说而已。将来欲知中国人口之确数，惟有采取精密方法，切实调查。若数次调查之结果相衔接，则其可靠之程度较高。中国人口之真数目，当可确定矣。

　　欲确知中国人口数目，既有赖于精密清查。欲确知中国人口之年龄、性别，以及其他等等之组织分配。更非精密清查不可。兹列举各国人口清查法，且比较之，以为中国借镜。

第二节　调查之时间

　　近五十年来，各国之清查全国人口，常定为十年一次。惟亦有例外，例如日本在一九二〇年作第一次调查，继复于一九二五年作第二次简单调查。前后仅隔五年而已。自理论言之，社会既为继续生长者，人口情形之变化，当亦日进不已。若相隔十年，调查一次，为期未免太久，十年前后之情形必难完全衔接。故近年学者颇有主张每五年调查一次者。然而自实际情形言之，调查全国人口，需费浩大，办理手续，尤属繁难。事前准备手续，既属繁多；事后整理，尤非咄嗟可办。十年一次，为期稍长，或可减轻各方面之负担。若改为五年一次，恐非一般所能胜任。即在初次办理人口调查之国家，急欲多调查一次，以资印证。亦只能如日本之仅作简单调查，然已使各方面感觉竭蹶矣。（日本第一次人口调查，在一九二〇年，共调查八项。第二次在一九二五年，共调查四项。）

至于各国之重要都市，有时另有地方人口调查。此等调查，恒为五年一次。其举行之时期，每每恰在前后两次全国调查之中间。此种地方调查，可以与全国调查互相比较。盖全国人确数，本系十年调查一次。其余各年，仅就已知之人口确数，加以估计，而断定之。此种估计，难望十分正确。若地方调查，恰在前后两次全国调查之中间，则其调查结果，可以与估计之结果相比较，为益甚大。

每次调查人口，究竟应于一年之中何时举行？各国互有不同。即在一国之中，前后两次人口调查，其调查时间亦往往不同。大概言之，可分二办法。在若干国家，均选某一固定日期，从事调查。例如瑞士及挪威均确定此日期为十二月一日。奥大利、匈牙利、保加利亚、瑞典及希腊，均确定为一月一日。荷兰自一八七九年以后，亦确定为一月一日。丹麦为二月一日。坎拿大为六月一日。德国在欧战以前，则为十二月一日，或二日。一九一九年之人口调查，为十月八日。法国为三月初旬。南非联邦为五月初旬。埃及及新西兰为三四月之间。另有若干国家，并不选一固定日期，而惟以若干条件为转移。例如印度之选择日期，根据于三个条件：（一）此日期与上次日期之距离，须大概为十个整年。（二）此日之夜，自七时至十二时，须有月光，以便调查进行。（三）此日期须不与何种纪念节相近，庶乎多数人民可以在家。又如美国之规定日期，或因多数人民可以在家，或因农业调查便利，英格兰、苏格兰、威尔士以及意大利、日本等国，其日期亦非固定者。原因大概欲求多数人民可以在家，或为其他事实上便利。

第三节　调查之范围

各国之调查人口，或取事实人口，或取法律人口。凡采取事实人口之国家，其调查人口，但就各地现居之人口加以调查。至于采取法律人口之国家，共调查人口必须调查各地常川居住之人口。在调查之时，所有临时他往之人口，必须加入计算。所有临时旅居该地之人口，必须除去。英国、澳大利亚、印度、埃及、南非联邦均采取事实人口。美国、瑞典、挪威、丹麦、坎拿大均采取法律人口。德国、法国、瑞士及其余欧洲各国，以及东方之日本，兼采事实人口与法律人口。

从调查之手续言之，事实人口较易调查。然其调查之结果，实非各该地之实在人口数目。在调查以后，各该地临时他往之人口，必将陆续归来，所有临时旅居该地之人口，亦将陆续离开：如此，则实在人口，必与此次调查之结果不符，甚或至于大相出入。凡欲研究住宅问题、失业问题、职业之分配问题，以及其他各种社会问题，皆当以各地常川居住之人口为根据。事实人口不足据也。复次，在宪政国家，选举区域之规定，应根据各地方常川居住之人口数目，属地主义之调查，不能为划分选举区域之根据。犹有进者，各国之划分市政府区域，必以人口数目之多寡定之：人口最多者为都会，其次为市镇，再次为乡村。此则为无办法，亦必根据常川居住之人口，方能得其真相，此非可取材于事实人口也。

由此可见，若从理论上言之，法律人口乃吾人所应调查者。然如自实际言之，则困难甚多。其最大困难，则为无法区别临时住址与永久住址。富有之人，每每拥有住宅数区，以供休止。终岁往来于各住宅之间，其行踪至为飘忽，究竟何处为其永久住址？犹有进者，凡属旅行之人，大半转徙无定，有时并其家属亦不能确知其旅居之地址，吾人将用何法以稽考此等临时他往之人？美国与坎拿大因须调查法律人口，发生许多困难。其解决困难之法，约分二端：（一）选择一适宜之时期，务使多数人在此时期不致有迁徙旅行之事。（二）妥筹适宜方法，以调查临时他往之人民：凡居留医院之病人，以及客籍学生，俱不加入于当地人口总数之内。至于监狱中之犯人，则皆加入于当地人口总数之内。又凡驻扎当地之海陆军人，皆另册计算，不得列入当地人口总数之内。虽然，此二种方法，仅足减少前述之困难，实不能谋一根本解决方法。总之，法律人口虽甚合乎理论，在调查之时，究不能通行无阻。一九二〇年，英国皇家统计学会曾详细比较事实人口与法律人口之得失。其研究报告，极赞法律人口命意之优美。然其结论则主张调查事实人口。凡以此也。

第四节　实地调查人口之方法

实地调查人口之方法，约可分为四种：（一）美国调查法，（二）英国调查法(亦名欧洲调查法)，（三）瑞典调查法，（四）印度调查法。本节当依次讨论之一。

（一）美国调查法

自一七九〇年至一八七〇年，美国之调查人口，全恃若干督察官以监理之。先将全国分为若干司法区域，每区置督察官一人。次复将司法区域分作若干调查区域，每区置助理员一人，专任实地调查之事。自一八八〇年以后，组织稍有变更。各司法区域改置人口调查监督。各调查区域改置人口调查员。然此仅为表面之更革，实际上无甚变动。总之，此等调查组织，纯系临时性质。每当调查完竣以后，此等组织立即消灭。自一九〇二年人口清查局成立以来，办理人口统计始有固定机关。至于实地调查，则仍沿用一八八〇年以来之办法。

美国之调查人口，全凭逐户调查登记。其法，先将每州分为若干监督区，各监督区之规定，必当根据人口之疏密，道路建筑之优劣，以及气候雨量等原因。然此仅为理论上之原则，就实际上言之，各州之监督区大率与选举区相吻合。然亦有例外情形，例如纽约州之人口，过于稠密，不得不将每一选举区改为数个监督区。不过此例不甚多耳。

每一监督区须分为数个调查区。各调查区之人口数目，必须彼此仿佛。

调查区之人口，如在二千五百左右，自调查开始之日起算，必须于两星期之中调查完竣。如调查区僻在乡村骛远之处，亦须于三十日之内调查完竣。在调查之时，调查员必须逐户调查，亲自填写登记，并须在每张调查表格上签名，以昭实在。

在调查人口之时，必须选定某日为人口调查日，以便将调查期内所得之人口数目，折合成人口调查日之人口，（美国自一八三〇年至一九〇〇年，为六月一日。一九一〇年为四月十五日。一九二〇年为一月一日。）假设某人之死期适在人口调查日之前，则此人不应加入人口总数之内。如适在人口调查日之内，则必须加入。又假设某婴儿出生之期，适在人口调查日之前，此婴儿当然须加入人口总数之内。如适在人口调查日之后，则无须加入。又假设当地有迁徙之事，若系迁至永久住地，此项迁徙虽发生于人口调查日之后，亦必加入新迁之地人口之内。然如此项迁徙之人早已被调查员在原籍调查，即不必加入新迁之地人口之内矣。

调查既毕，调查员须将所有填就之表格寄交调查监督。调查监督将所辖各调查区之报告汇齐，寄交华盛顿人口清查局。

以上所述调查方法，坎拿大亦采用之。欧洲小国如衣斯东尼亚、拉第维亚，及立陶宛，皆采用此法，以调查乡村人口。

（二）英国调查法

英国人口调查法为中欧各国所采用，吾人不妨名之为欧洲调查法。采用此种调查法之国家，皆令人民自行填写报告，人口调查员仅负分配及收集调查表格之责。在一八四一年以前，英国调查人口之责，在于国内各地之和平裁判官，以及各市政府之秘书。此等官吏将调查表格分给人口调查员。此项调查员，在英格兰地方为里正，在苏格兰地方则为小学教师。此等小学教师，由警察长官指挥之。自一八四一年以来，在每次调查之时，常令各家家长负填报告之责。兹述其最近调查方法如下：

英国一九二〇年之生命注册法，规定调查户口之责属于卫生部。由该部注册总监执行之。在调查人口之时，注册总监之责任有四：（一）计划调查人口事宜。（二）预备一切调查表格，及其说明书。（三）收集调查结果，并整理之。（四）公布整理之结果。英国全国分为若干注册区域。每区置注册主任一人。每一注册区域复分为若干调查区域。每区置人口调查员一人。临时聘任之。（惟苏格兰地方则由小学教师担任调查。）此等调查员将调查表格分给本区住户填写。次再于人口调查夜收集之。所有停泊于英国海面之船只，以及灯船、灯塔等地之人口，均由海关官吏负责调查。至于无家可归之人口，例如流民、乞丐之类，则由当地警察调查。

人口调查夜乃法律规定之调查时刻。其时间为该晚半夜十二时。全国人口数目应折成该时间数目。在此夜以内，人口调查员须亲至各户，将分发之调查表收集，并须查明有无漏报之处。海关官吏及各地警士，亦须于该夜将调查办理完竣。在调查夜之次日上午，各注册主任即可汇齐调查员之报告。并可将各该注册区之人口总数报告注册总监，以备发表。随后再将各调查员之报告寄去，以备详细分析。总之，英国全国能于调查夜之次日获得全国人口总数之报告。至于男女之分配、年龄之分配、职业之分配等详细报告，必须待至若干年以后，方可获得。

此种调查法为法国、德国、意大利、奥国、匈国、比利时、西班牙、葡萄牙、瑞士等国所采用。日本近年曾调查人口二次，其调查方法亦与此相同。

（三）瑞典调查法

在斯堪的纳维亚半岛，另用一种奇特方法以调查人口。此法为瑞典所首创。为便利起见，吾侪可名之为瑞典调查法。其法大抵如下。

瑞典之调查人口，专取法律人口。其调查责任由教士负之。盖瑞典受宗教之影响甚深，人民殆无不信宗教者。全国分为若干教区。人民之婚嫁、生、卒等事，皆由教士为之祈祷祝福。故教士对于该教区内之人口数目，以及生、卒等事，皆有详细记载。政府亦即利用此等教士以调查人口。凡人民之隶属其教区者，该区教士即应负调查报告之责。即使此人迁至他处，或远适异国，若其姓名未在某教区除去，仍当照旧视作某教区之人口。

各教区之教士，将区内人民登记于一册。每隔十年，将人口数目，以及男女之分配、年龄之分配等材料报告中央统计局。除此而外，各教区更有其他各种登记册：第一为婚姻登记册。第二为出生及受洗登记册。第三为死亡登记册。此外更有一种登记册，专记该教区人民之失踪者。盖人民自此一教区迁至他一教区，必须向教士领取迁居执照。然往往不将所往之处报告明白。比及迁徙之后，又往往不在新迁之地注册。结果遂无法可以查考此人之踪迹。故必须特设一册，以登记之。此册名为失踪登记册。凡人口之载于失踪登记册者，概不列入人口总数之中。日后如发现此人确已死亡，则将此人载入死亡登记册中。如发现此人系寄居于医院、监狱、养老院，或其他慈善机关之内，又或此人在新迁之地向教士领得寄居执照，则其人亦当列入相当教区之内。于此有一事应附带说明。人民在领得迁居执照以后，每每并不实行迁居。从前规定须将此人姓名在原来教区之登记册内除去。近因此种规定不易考查人民之住所，因改为凡领得迁居执照之人，其姓名仍保存于原有登记册中。必待新迁之地之教士证明此人确已移居，并已在该地登记，原有登记册始可删去其姓名。

各教区之教士除将本区人口按时报告中央统计局外，每年并须将本区人口查明。第一须查明在旧年年终之时本区住民男女各若干人。其次须查明本年之中共生婴儿若干人，共有若干人迁至本教区，共查出若干失踪者之住址。从旧年年终时之人口，以及本年新增之人口，减去死亡之数、迁居之数，以及失踪之数，是为本年人口之数目。

丹麦、挪威均采用瑞典调查法。芬兰从前亦采用此种调查法，近已废弃之矣。在瑞典京城斯托罕姆，教士之调查报告，常与事实不符。故中央统计局必须用地方纳税人民册与之比较。用以求得实在之人口数目。此为瑞典调查法之例外。

(四)印度调查法

印度、埃及二国所用之人口调查法颇与各国不同。其特点在于预先将人口调查完毕，复于人口清查夜复查一过。兹述印度之调查情形如下：

印度之调查人口事业开端于各省。自英领印度以来，各省即逐渐设立人口调查局。至一千九百九十年，始正式计划全国人口统计。于是设立人口调查委员会，以司其事。此种机关为临时性质。每当十年调查之时，始设立之，以统辖各省人口统计局。各省人口统计局皆有省监督一人。每省分为若干调查郡。其分郡方法系根据各省之政治区域。每郡设立郡调查监督一人。调查郡之下，分调查邑。每邑设立邑监督一人。调查邑复分为十至十五个调查区，每区约有三百家，设立调查员一人。

调查员之责任，在于亲自调查，填写调查表格，并于人口调查夜复查之。大抵印度人民之教育程度甚低，各地人民之识字者不多。即在此等识字者之中，大多数均缺乏科学训练，不知如何填写统计表格。在此等人民之中，欲令各家家主自行填写调查表格，万不可能。即欲仿照美国办法，多聘调查员，令调查员代人民填写，亦难觅得如许合宜之调查员。不得已而思其次，乃专就各调查区招收粗识文字之人，充当调查员。为审慎起见，不得不严密监督调查员之工作。故印度人口调查员之工作分为二步：在人口调查夜之前若干星期，调查员须就本调查区内常川居住之各户，逐一加以调查。并将调查结果记入笔记册内。然后将调查笔记携至邑监督之处，由邑监督详细核阅。如有可疑之处，仍须重行调查。待至满意以后，邑监督乃指导调查员将调查结果填入表格之内。此为第一步手续。待至人口调查夜，调查员须携同填就之表格，亲至本区各住户核对。如有死于该晚十二时以前之人口，必须自调查表格上除去。如有生于该时间以前之人口，必须加入。此外如有在该时间以前迁至该调查区者，亦必加入。

在人口调查夜之次日上午，各调查员须亲至邑监督之处，将本调查区之户数，以及男女人数，核对清楚，填入报告单。此单名为调查区总计表。邑监督在核对所有调查区总计表以后，将本调查邑户数，以及男女人数，填入调查邑总计表。郡监督在收齐各调查邑总计表以后，将本调查郡之户数，以及男女人数，电告省监督。省监督收齐各调查郡之报告，再将本省户数，以及男女人数，电告人口调查委员会。至于全国人口之详细统计，须待委员将调查表格收齐，再行分别整理。

(五) 四种调查法之优劣

以上四种调查方法，以瑞典调查法为最不适用。所有调查报告，完全委托于毫无统计知识之教士，中央又不加监督与指导。此等调查报告，自难望其一一合法。中央统计局遂不得不牺牲大部分时间，从事整理与审核，其劳烦可想而知。再从各教士方面言之，此等教士本以传教为主旨，自难终日从事调查事业。在乡村地方，人民安土重迁，彼此望衡而居，历时已久。当地教士或不难彻知各人情形。各人亦乐于报告。在都会地方，人民迁徙无常，当地教士既无法熟悉各人情形，各人亦不能按时报告教士，则人口调查一事，万难确实进行。瑞典京城之繁华，远在他国大都会之下，已难专恃此种调查法。他日斯堪的纳维亚半岛若日益繁盛，则乡村之地，势必逐渐变成都会。此种调查法必遭摈弃。故瑞典调查法实不足取法。

英国调查法之长处：第一在于事权集中。全国人口调查，俱由中央计划，兼指挥之，故号令得以统一。调查员既有专责，自可尽量行使职权。同时又可由中央统计局之统计专家指导之，必不至发生统计上困难。此外更有一甚大之利益，是为节省经费。前已说明，调查员之责任仅为分布调查表格，并收集之。所负之责任既简单，则必不须重大之报酬，或并不须任何酬报，故中央政府可以省去大宗调查经费。然而此种调查法仅能用之于平民教育普及之国。各户户主，必须均能识字，然后可以担任填写报告之责，否则无从担任此项责任。此外更有一种困难：各户户主既担任填写报告之责，则调查表格上之问题不能过多。若胪列至一二十项问题，则户主必感觉厌烦。苟非置之不复，则必潦草从事。自一八九一年以来，英国之人口调查表格仅列九项问题，然而在一九一一年之人口报告中英国之注册总监已郑重声明谓英国之人口调查表格决不能再添调查问题，否则惟有采用美国调查法。可见英国调查法受有甚大之限制。

美国调查法与印度调查法实优于上述二种调查法。其第一优点在于事权集中。其集中情形，与英国调查法相同，兹不赘述。其第二优点在于能以调查多项问题。盖填写报告之责，既由调查员负之，若此等调查员勇于任职，可以向户主调查多项问题，而不致引起户主之厌烦。（欲使办事迅速，且免混乱调查员以及被调查人之脑筋，调查表格虽由调查员自行填写，其问题亦不能太多。然而美国法所能调查之问题数目，究竟多于英国法所能调查者。）其第三优点则在于能以适用于国民教育程度较低之国。在此等国家，人民之识字者既属无多，自难填写报告。故必由有训练之调查员担任此项责任，否则无法进行矣。

若以美国调查法与印度调查法相比较，则美国法需要经费甚大。盖美国法规定各调查员逐户访问调查，亲自填写。此等调查员所负之责任既重，又须有相当之学识与经验，故必须给以较高之报酬。其人数又必须多于英国法所需用者，始可给各调查员以充分时间。报酬既高，人数又多，其糜费可想而知。印度调查法虽亦令调查员至各户调查，然其所须用之调查员只须具有识字能力，故不必给以较高之报酬。况印度调查法主张各调查员须受严格之监督与指导，尤能免去调查错误。在国民教育程度较低之国，印度调查法实较美国调查法为更适宜也。

第五节　人口调查员之报酬

人口调查既毕，中央统计机关须按照各调查员之成绩而给以报酬。各国政府对于调查员之报酬共分二种：第一为名誉报酬。例如奖牌、奖状之类。第二则为金钱报酬。日本对于人口调查员并无何种金钱报酬。仅于事后由日本天皇颁给特制之奖章，特许各调查员佩带，以示鼓励。德国对于各调查员，亦仅以奖状为报酬。此种名誉报酬，亦足以鼓舞调查员之好名心，且不致费去大宗金钱，然如调查员之职务仅为分布表格，并收集之，则其责任简单，固可以奖章鼓励之。若其责任在于亲自调查，逐项填写，则必以全副精力为之。政府万难令彼等枵腹从公，故必给以金钱报酬，否则无法召集多数调查员。近世学者多主张一律以金钱为报酬，此说亦殊有理。盖好名心终不敌好利心，若不问调查员责任之繁简，一律给以金钱报酬，其鼓舞能力必甚伟大。且可利用报酬之增减以唤起较大之效率，为计亦良得也。

金钱报酬之支给法共分二种：一为计时法。一为计工法。凡应用计时法者，必须规定调查员每日所应得之报酬为若干，然后按其工作日数而给以报酬。此法为各国所通用。其流弊在于唤起调查员因循濡滞之心。至于计工法，则必规定每调查一人应得报酬若干。美国人口清查局在一九一〇年之调查，曾采用此法。然其流弊每每发生浮报情节。故美国一九二〇年之调查，仍用计时法。而一般美国统计学家之意见，亦以计时法为然。实则计时法与计工法各有流弊，吾人实无从断定其优劣也。

于此须述及德国著名统计学家古沁期克（R.R.Kuczynski）之主张。古氏主张用计时支给报酬，然须定一最低工作标准，若工作超过此标准，并经查无浮报情节，可以按照其工作超过之多少，加给报酬若干。此法经古氏行之于普鲁士地方，收效甚大。然须严格监督调查员之工作，否则难免有不及最低工作标准之虑。

利用当地警察或其他公务人员以调查人口，亦为一种方法。如此即无须给以报酬。美国纽约市之儿童调查，即利用此种方法。辙地非而得（R.E.Chadfield）尝述其情形曰："若令各区警察皆负调查之责，则彼等因公务羁身，或自己不了解调查之兴趣，不免草率从事。而大家不能明了调查之手续，且无相当之训练，实为办事之大碍。若于每区之选出若干警察，使彼等不担任其他公务而专事调查，则其结果可以不致十分草率。然而彼等仍无相当之训练也。"附志于本节之末，以供参考。

第六节　调查表格之编制

调查表格之格式，可分二种：一为团体式表格(Group schedule)。一为个人式表格(Individual schedule)。团体式表格，美国、英国、坎拿大、印度、奥大利亚、意大利等国，皆采用之。美国所用者，每页为一大张。正负两面各五十行。每行记载一人，故每页可记载百人。当第一家调查完竣之后，可以用笔在最后一行之底线画一粗线，以隔开之。再继续调查第二家。当某街各家皆已调查完竣之后，亦可以用笔画一较长之粗线，以隔开之。再继续调查其他一街。兹将一九二○年美国清查局所印之样张附志于下，以当举例。

在瑞士、法、德等国，皆用个人式表格。此种表格包含二类表格：一类为家族调查表(Family card)，一类为个人调查表(Individual card)。在调查之时，各个人之答案，应记入于一张个人调查表。次再用家族表，记明此家共有个人调查表若干。计男女各若干人。瑞士之家族调查表，即印于封套之上。将全家之个人调查表，装入其中。其法尤觉便利。兹将瑞士之表格式样举示如下。

团体式表格与个人式表格之优劣，果何如乎？美国清查局科长屠类邦以为个人式表格容易散失，故不宜采用。① 自吾观之。团体式表格与个人式表格皆系单张。假使个人式表格有时散失若干张，安见团体式表格绝无散失之事？况个人式表格每页只记载一人。假使遗失若干张，其为害犹小。团体式表格每页记载多人。假使遗失若干张，其为害当更巨矣。故屠类邦之论殊不可靠。吾以为团体式表格之利益在于合乎打眼机(Punch machine)之用。盖常人目光，便于左右转动，不便上下转动。若用团体式表格，将一人之答案，记于一行之中。则阅者不感困难。打眼可以较快。况一张表格记有数十人之答案。书记员可以逐行打眼，不须时时翻动纸张。更可增加办事效率。虽然，个人式表格亦自有利便之处。在调查完竣之后，吾人但须检点家族调查

---

① 一九二七年夏著者曾与之讨论此事。

表，便可发现全国人口数目，以及男女之数目。较之团体式表格，殊觉简单。又如在规模较小之调查，可以不必利用计算机器，但就所有个人表用人工计算之可矣。德国卯尼亥(Munich)地方在计算人口统计之时，即专用人工，计算所有个人表。此其例证也。

大抵团体式表格与个人式表格各有优点，未易轩轾。各国或采用此种，或采用彼种，亦各从其习惯而已。

在调查之时，亦有将空白表格装订成册，逐页填写者。此种名为书册式(Book form)表格。美国各邦清查地方人口之时，皆用此种表格。北欧若干小国，亦采用之。然每册页数皆有一定，不便增多或减少。实际运用上稍感不便，故采用之者不多。

第七节 调查项目

在清查人口之时，所应调查之项目究为若干？此为一大问题。兹列举各国在最近清查人口时所调查之项目如下表。（表中1、2、3……号数表示原来表格中发问之先后。）

世界各国人口清查
之调查项目

从上表观之，有五项问题，各国皆调查之：（一）姓名。（二）性别。（三）年龄。（四）民事身份。（五）职业。有七项问题，为半数之国家所调查：（一）对于家长之关系。（二）教育程度。（三）国籍。（四）出生地。（五）语言。（六）宗教。（七）残疾。另有七项问题，亦为若干国所调查：（一）住宅情形。（二）肤色或种族。（三）失业。（四）通常住址。（五）现在住址。（六）此次结婚，共生若干子女。（七）有无选举权。另有若干项目，仅为一二国家所调查。例如入籍之年限，父母之出生地，父母之语言，十四岁以上者之工作能力，幼年者之保护人，不动产之有无，是否合乎特种保护条例，曾否担任军役，所纳税额之多少，在大战以前之住址，曾否往外国，等等。

续抵人口清查所应注意之事项，不外四大类：（一）人口之自然（或生理）身份。（二）人口之法律身份。（三）人口之经济身份。（四）人口之智识身份。性别、年龄、种族、语言、疾病、生产子女之能力，等等，皆系表示人口之自然身份者。对于家长之关系（或家庭中之地位）、民事身份、出生地、住址、公民权、国籍，等等，皆系表示人口之法律身份者。职业、失业、保护、不动产，等等，皆系表示人口之经济身份者。教育、宗教、入学年龄，等等，皆系表示人口之智识身份者。各国所清查之事项，皆根据当时本国所注意之事项而发问。故多寡不同。然总不能越乎此种范围也。①

在此种范围之中，有四项为各国共同询及者：是为性别、年龄、民事身份及职业。此四者益以出生地一项，是为人口统计之五要项。② 盖社会生活，以及人民之体力，恒随人民之性别及年龄以为变化。而婚姻为人民最切身之问题，此即民事身份是也。至于民族之成分，以及公民权之行使，皆关系于人民之出生地。而人民之经济能力，完全以所操之职业，在职业中之地位，及其收入之大小为断。故人口统计学家皆重视此五者。

虽然，吾以为人口统计尚有必不可少者在。是为在家庭中之地位，以及教育程度。"在家庭中之地位"此问具载于各国之清查表格。假使极端社会主义之社会，非吾人所欲讨论，则吾人所处之社会，实完全与家庭有关系。大部分民法，皆以家庭关系为出发点。研究人口问题者，岂可不注意及之？"教育程度"一问，虽非各国所皆问者，然人民智力之高下，足以影响经济发展，以及社会福利。欲确知人民之真正状况者，亦岂可忽之？

于此有应附带论及者，是为姓氏一项。此项问题，对于人口统计之本身，毫无关系。论者遂以为可以省去不问。且以为若省去此问，可以减少人民之误会，而使之据实报告。自吾观之，此论殊属失当。人口清查之时，得自各个人民之报告，本应绝对保守秘密。各个人民

---

① 参看 Hiess, Franz, Methodik der Volkszahlungen.

② Bisset, Smith, G. T., The Census and Some of Its Uses, p. 21.

虽填写姓名：有何不幸之事？假使人民仍有他种误会，则是由于当事之人不善解释。岂可波及姓氏一项问题？大抵此项问题，虽不能与人口统计发生直接关系，然实足旁证其他答案之正确与否。例如答案所载为男子之名，而性别则系女子，在家庭中之地位或更系妻，可见答案必有错误。又或所操职业为矿工，而姓名则系女子，亦应重加考核也。①

年龄一项，亦多争议。从前美国在清查之时，仅问年龄为若干。欧洲各国，每只问及出生年月日。吾师杨氏（Prof. A. A. Young）则主张兼问年龄及出生年月日。美国学者，或笑此主张为画蛇添足。此论殊失允当。杨氏（Prof. A. A. Young）尝论之曰"缺乏智力之人。每自忘其年龄。青年女子之年龄，每多隐匿。而婴儿及老年人之年龄，亦多误算者。若用出生年月日复核之，必可避免此弊"。此诚笃论也。

所谓年龄，或系已过年龄（Age of the last birthday），或系最近年龄（Age of the nearest birthday），或系将及年龄（Age of the next birthday）。已过年龄等于出生以后所有生日之数。最近年龄等于在最近前后半年之中，所有生日之数。将及年龄，则为中国人之通常计算法。婴儿始生一日，即当目之为一岁矣。此三种计算年龄之法，当然以第三种方法为最不可靠。无待赘述。然第二种方法亦不甚可靠。已生六七个月之婴儿，为一岁乎？抑为不及一岁乎？若采用第二种方法以计算年龄，必将无法解答。故年龄一项，仍以询问已过年龄为妥。

① Hiess, Franz, Methodik der Volkszahlungen, p. 38.

三　各国生命注册法之比较

第一节　导　言

　　生命注册法所以记载人民之出生、死亡、婚姻等事实者。此种事实，完全由人民随时向官厅作书面或口头之报告，由官厅登记之。故登记之完全与否，视乎人民之报告是否完全。欲求人民能将所有事实完全报告，不可不有完善之生命注册法。然亦必须令人民皆知生命注册之重要，庶不致有玩忽不报之弊。盖徒法不足以自行也。然而启发人民智识，决非旦夕所可能，兹姑置之不论。请先讨论各国之生命注册法且比较之。

　　世界各国之生命注册法，当推斯堪的纳维亚半岛所用者为最奇怪。此法为瑞典所首创，而为丹麦、挪威、芬兰等国所采用。其大意在于将生命注册之责付托于全国各教区教士之手。在此等国家，宗教之势力甚大，人民殆无不信教者。各教区之教士，对于本区人民之出生、死亡、婚姻等事，一一躬襄其事，故皆能洞悉，而各教区之人民亦乐于将此等事实报告于当地教士。故中央统计局不必另设生命注册机关，而惟利用各教区之教士以调查之。各教区之教士于每年年终之时，将该区出生、死亡、婚姻之数汇报中央统计局。中央统计局即根据此等报告，以作成全国生命统计。此种方法之优点，在于办事简单，而又节省经费。中央统计局但须整理全国各教区之报告可矣。然其缺点则在于将登记之事委托于毫无统计智识之人。教区教士对于统计学既鲜相当之训练，中央统计局又不加以管理与指导，自难望其合法呈报。更就大都会言之，在此等地方，人民迁徙无常，教区教士颇难周知该区人民之出生、死亡、婚姻等事，其结果更当遗漏孔多。故此种生命注册法为其他各国所摈弃，即在斯堪的纳维亚半岛上，此法亦有浸就澌灭之势。

现在通行之生命注册法，其所规定之登记机关，各国大抵大同小异。至于执行之详细办法，则国与国殊，而各国户籍法之优劣，亦当于此觇之。

第二节　生命注册法之行政手续

从各国生命注册法所规定之登记机关言之，在中央政府必须有一中央统计机关，在美国谓之清查局（Burcau of the Census），在英国谓之注册总监（Registrar General），在其他各国，则谓之中央统计局。其次更按照邦界、省界或其他行政区域，分全国为若干注册区，各置注册分监一人。次更按照各行政区域之地方司法区，分各行政区为若干注册邑，各置注册主任一人。次更按照此等注册邑之大小，分为若干注册处，各置注册助理员一人。凡人民如有出生、死亡、婚姻等事，须向此等注册处报告。此等报告，或为口头报告，或为书面报告，每一星期，或一月，或其他相当时期，注册处须将所有报告抄录一份，寄交注册邑。注册邑将所有报告抄录一份，寄交注册区。注册区复将所有报告抄录一份，寄交中央统计机关。中央统计机关大抵每年出版生命统计一册。各注册区及注册邑亦有逐月或逐星期出版当地之生命统计者，此则视乎该地之财力能否办理此事矣。

兹将各国地方生命注册处向中央统计局送达统计材料之办法列下：

奥国　每年三、六、九、十二月终，地方政府将本地生命注册之总数记入中央统计局特制之报告表格，呈报省政府。再由省政府将本省生命注册之总数记入特制之报告表格，呈送中央统计局。

比利时　地方政府于每年年终，每五年年终，以及每十年年终，均须将本地注册总数送呈中央统计局。

捷克斯拉夫　自一九二五年以后，各注册区须按月将所有注册单直接送呈中央统计局。

英国　在伦敦，及其他较大之城市，注册处每星期应将注册单呈送卫生部。在其他城市，则一月报告一次。至于医生之疾病诊断书，每月皆须汇送四次。

法国　自一九二三年以后，地方注册处将注册结果汇送中央统计局，每年四次。

德国　德国之制度，各邦不甚统一。大概言之，地方注册处于每年一、三、九、十二四月月终，将各项注册单汇连同注册总数，呈报本邑注册处。各邑注册处将本邑各地方之总数呈报本邦统计局。统计局将统计结果公布之。联邦统计局复根据各邦之统计，造成《德意志统计年鉴》。

荷兰　地方注册处逐月将本月总数连同各项注册单送呈中央统计局。

匈牙利　地方注册处逐月将本月总数连同各项注册单送呈中央统计局。同时各地医士亦将诊断书以及证明书直接送呈中央。

意大利　地方政府每年四次将生命注册总数呈报中央统计局。

葡萄牙　地方注册处逐月将注册总数呈送本省注册处。本省注册处将各地方之注册总数汇总呈报中央政府卫生部。

西班牙　地方注册处逐月将注册单汇齐，呈送本省政府。本省统计局将此等注册单统计，并公布之，同时呈报中央统计局，以便编制统计年鉴。

美国　地方注册处将生命注册单详细核对，订正其讹误，编列号码，并装订成册，逐月交寄本邦注册区，以备永久保存。中央清查局委各邦注册区代雇书记一人，将所有报告单复抄一份，寄交清查局，以备计算。大概每抄一张，该书记可得报酬美金三分。

第三节　几种著名的生命注册法

兹再进一步讨论各国生命注册之详细办法。为讨论便利计，暂用美、英、法、瑞士四国作为代表。

（一）美国　在一九〇〇年以前，美国之生命注册法全由各邦自行制定，遂致凌乱异常。中央清查局亦无法整理此等凌乱之材料。于是极力提倡标准注册法，并制定各种标准注册单，于是全国之生命注册法遂归一致。凡婴儿出生之时，必须于十日之内，报告地方注册处。在标准出生注册单上，规定须报告之事项，第一为婴儿之姓名，其次为其性别，其次为出生年月日，再次须说明此系出生抑系息胎，末须述及父母之姓名、住址、种族、年岁、职业以及母亲所生子女之数目。凡在出生之时，看护产妇及医士人等，应负报告之责。如无此项看护人等，则婴儿之父母应负报告之责，否则寓所之主人应负报告之责。此种报告制度之弊病，在于仅知规定应负报告责任之人，而未规定玩忽不报之罚。是以医士及助产妇等，往往怠于呈报。近年规定，凡医士及助产妇，如能呈报一件，可以获得美金三分，作为奖励金。然自实际情形观之，此等金钱引诱，亦未能使彼等踊跃呈报，其结果仍属不甚美满。至于婴儿之父母，及其寓主，更不以报告之事为心。故美国之出生注册不甚完全。中央清查局因欲考察各地之出生注册是否完全，故采用出生注册区制度，以考验之。此法倡始于一九一五年。凡一城之出生注册，其完全程度，如能至百分之九十，始可加入出生注册区，以示鼓励之意。欲测定某城之报告是否完全，清查局恒利用拣样调查法，以考验之。其法，将印就之来回邮片委托邮差遍送与本城各住户。嘱彼等各将本年所生之子女填写明白，由邮寄回。各住户虽未必皆肯填送，然吾人亦可专就已经填送之来回邮片，与本城之出生报告单相比较。自通常情形计之，出生报告单每较此项填送为少。如出生报告单占此项填送百分之九十以上，此城始可列入出生注册区。盖即承认此地之出生统计为可靠也。

自一九〇〇年以后，美国推行标准注册法，标准死亡注册单亦逐渐推行于各邦。标准注册单上规定须报告之事实。第一为死亡发生之地点。其次为死者之姓名、性别、种族、婚姻情形、出生时期、年龄、职业、出生地及其父母之姓名与出生地，医生之死亡诊断书亦即附于死亡报告单上，声明死亡之主因与附因及其经过。注册处即承认此种附载之诊断书为可靠，并不加以复查。（纽约市延聘病理学家一人，专门审查此项附载之诊断书。如发见可疑之点，随时由公家复诊，或剖验。此系与美国标准户籍法不同之处。）

关于报告死亡之事，虽有多人负责，实际上常由殡舍负责。盖殓埋死者之事统由殡舍担任。殡舍必须用死亡报告换领掩埋执照，以及运柩执照，否则不能承殓尸体。故死亡报告大致可以完全。自一八八〇年以后，又规定死亡注册区制度。近已有多数城市加入之矣。

（二）英国 英国之生命注册法有一特点：所有生命注册之详细手续，均须由国会审查通过，故不能由行政人员随时变更手续。美国惠伯教授（Prof. G. C. Whipple）甚不赞成此种办法。以为不能使办理生命注册之人员，得有自由伸缩之余地。然英之办法亦自有其优点。盖生命注册法既经国会明文颁布，则必全国一致奉行，不致参差不齐。若发见有何种不便之处，则卫生部可用行政处分变易之。事后再请国会追认。此固英国政治之习惯也。

关于户籍注册之事，应由卫生部办理。凡民妇孕期满二十八星期后，如有出生之事，无论为息胎抑为出生，皆须于六星期之内，向注册处注册。负担注册责任之人为婴儿之父母，或为屋主，或为其所知之人。所应注册之事项为出生之日期、婴儿姓名、性别、父母之姓名及父母之职业。然而英国出生注册之最大弊病即在于限期太宽，使人易于忘却注册。为救济此种弊病起见，遂更增加一种出生呈报。此种出生呈报方法，甚为简单。仅说明于某月、日出生婴儿及其性别而已。政府有印就之呈报书。此种呈报书即印于来回明信片之上。报告人将各种应行呈报之事项，填于来回明信片之第一页。随即将此明信片寄至该邑注册处。注册处将明信片之第二页扯下，寄回报告人，作为业已存记之凭证。倘报告人并无此项来回明信片，亦可用任意纸张书写报告。注册处亦可照样存记，并通知之。大抵此种出生呈报，其用意系调查产妇，使地方政府得以随时派医士看护之。至于出生注册，乃发给出生证书之根据，亦即为出生统计之根据。二者性质完全不同。英国学者甚赞成此种办法，以为可以办事便利。自吾观之，此等重复举动，实属无谓。若能将注册之限期改短，则地方政府自能早日察知本地之产妇，而施以相当之看护与救助。何必多此一举？而况政府之指挥人民，决不可过于纷繁，否则人民必将疲于奔命。若将出生呈报与出生注册分为二事，则人民在呈报出生以后，往往忘记再作出生注册。结果必致不能获得完全之注册，而必用出生呈报补充之。其不便孰甚？

凡人民如有死亡之事，则死者之亲戚，或目睹死亡之人，或屋主，或司埋葬之人，须负责注册。注册之限期为死亡发生后五日以内。应行注册之事有二：一为死亡之事实。一为病因及其经过。关于病因一项，应由医生向报告人说明。此项死亡注册，在一八三六年之生命注册法，仅有注册之规定，而无强迫注册之明文。以致人民对于死亡注册，不甚注意。在一八七四年，死亡注册始定为强迫制度。如有隐匿不报者，须有相当惩戒。于是注册之事始鲜遗漏。

（三）法国　法国之生命注册法为户籍法之一部分。系根据拿破仑之民法法典。各邑之户籍，由当地人事注册处掌管。各邑市长，专负监督视察之责。在一九〇六年以前，地方政府须将逐年之注册事项汇齐统计，作成提要，送呈省政府，转呈中央。一九二三年以后，所有注册单复改为每半年汇送一次。

凡有出生之事，须于三日之内，报告政府。负报告之责者，首为婴儿之父，其次为医生与助产妇，或为屋主。如有玩忽不报之事，罚金自十六佛郎至三百佛郎，或为六天至六个月之监禁。政府在收到报告之后，即发给出生证明书，同时并记入出生注册单。按照法律之规定，在报告出生之时，须将新生之婴儿抱至注册处。然在事实上，此种烦累手续并不能实行。又凡人民如有流产之事，亦须注册。惟不须发给出生证明书。

关于死亡注册之事。自一八〇三年以来，亦系采用强迫制度。凡死者之亲属，或目睹死亡之人，俱当负报告之责。报告之限期无法律上明文。然习惯上恒于二十四小时之内报告。政府在接到报告以后，即发给死亡证明书,并记入死亡注册单。死亡注册单上之重要事项为死者之性别、出生之年月,及出生地方、死者之国籍、结婚与否,及其职业(若死者为婴儿,则仅注明父母之职业)、死亡之原因,以及医士之诊断书。惟死亡之原因常根据报告者之口头声明。医生之诊断书,仅为具文而已。

(四)瑞士 在一八七四年以前,瑞士并无统一之生命注册法。所有出生、死亡等事之注册办法,均由各州自行规定。一八七四年之联邦法,始规定各州之民政组织,并规定生命注册应受联邦政府之监督。联邦政府规定各种标准注册单。各州之注册主任由各州自行委派,担任注册事宜。并按照法律上规定之时期,将注册结果,报告联邦统计局。联邦统计局酌量酬以若干报酬。凡人口在一万以上之地方,须于每星期之星期日,将本星期注册结果,报告联邦统计局。其他较小地方,仅须于每月上旬之内,将上月注册结果报告。如在该星期或该月内并无注册之事,地方政府亦须寄一空白信封至联邦统计局。在信封上标明"无"字。

凡人民如有出生之事,须于三日之内报告。负报告之责者,首为婴儿之法律上之父,其次为助产妇,其次为医士,其次为莅场之人,其次为屋主,最后为产妇本人。报告不须书写,仅凭口头向注册处陈述而已。出生证明书上之重要事项,第一为出生之年、月、日、时。(如为孪生,须将各婴儿之出生时刻确切说明。)第二为婴儿之姓名,及性别。第三为父母之姓名、职业、出生地及现在住址。如父母为正式夫妇,则结婚之年限亦须声明。第三为报告人之姓名、职业、住址。亦须记入出生证明书之上。瑞士登记制度之特点,在于使用各种卡片,以作注册之用。在登记出生之时,用一白色卡片以登记男婴。另用一黄色卡片以登记女婴。如婴儿系孪生,则每一婴儿应登记于一张卡片之上,如婴儿系息胎,应按照其性属,登记于相当卡片之上。同时登记于橘红色之死亡注册卡片之上。

凡人民如有死亡之事,须于二日之内,报告当地注册处。负报告之责者,为家长、夫妻、近族、屋主,或为发现尸体之人。注册处即根据报告人之口头报告，登记于死亡证明书。死亡证明书上，应记明死亡之年、月、日、时，死者及其父母之姓名、出生地、现在住址、职业、婚姻情形、医生诊断书，以及报告者之姓名、职业、住址及其与死者之关系。注册处在获得此项死亡报告单以后，即作成死亡注册卡片。死者如系男子，则记入白色卡片。如系女子，则记入黄色卡片。如系息胎，则记入橘红色卡片。死亡注册卡片共分三部分。最上一部分，只记死者姓名。中间一部分，详记各种统计材料，例如死亡之时间，地方、职业等。最下一部分，记载疾病之主因，及副因，曾否剖验，以及死亡地方之卫生情形。注册处将最上及中间一部分填记完毕，立即将此卡片用信封封寄诊治该病人之医士。医士将该卡片之最下一部分填就。并将该卡片之最上一部分扯下，弃去。于四十八小时以内，寄还至注册处。如医士并未诊断死者之病症，亦须于卡片之最下一部分，注明"并未诊断"字样。注册处于每月月终，汇送至联邦统计局。故联邦统计局能获得关于死者之一切报告。但不能知悉死者之姓名。美国统计学家惠伯（Prof.G.C.Whipple）极力赞誉此种调查死亡之卡片。以为可以使医士将死亡之真实原因据实说出。盖致死之原因如系花柳病、疯痫，或系仇杀、自杀之类，报告人往往不愿据实说出。故医生证明书不宜附于死亡报告之上。否则为顾全报告人之情面起见，医士决不肯将实在死因说出。如采用上述三联卡片制度，医士可以秘密将实在死因填写明白。此外更有一种利益。死者之姓名仅记于最上一联卡片之上。此联卡片医士必须扯去。故死者虽系死于不可告人之病，其姓名亦不致为人发觉。因此之故，此种死亡注册法极能求得死亡之真因。英国统计学家纽山（A.Newsholme）对于上述议论加以否认。以为此等不可告人之病究属极少数。死亡之原因何在，全凭医士之诊断能力。若一国之医术幼稚，医士决不能说出死亡之真因。是故欲知死亡之真因，其最紧要方法，惟在于提高医士学术而已。自吾观之，医术高明，固可以助人决定死亡之真因。然而不可告人之疾病，终为不可告人者。若使医士能于秘密之中，将此等疾病和盘托出。方可无所隐匿。否则若干死亡之真因，必不能完全说出。故纽山之议论，其理由不甚充分。大抵瑞士死亡注册制度之唯一缺点，在于烦扰医士。医士既须将死因告知报告人，又须填寄死亡注册卡片。手续未免过于繁重。吾以为行此种制度必须奖惩并用。凡医士之报告死亡原因者，每次报告，当给以些微奖金，以示鼓励。如不肯报告，当处以少量罚金，以示惩戒。如此，方能使医士尽量报告焉。

第四节　总论上述几种生命注册法

上述美国、英国、法国及瑞士之生命注册法，乃四种绝不相同之法律。美国之特点，在于设立出生与死亡注册区域。此法可以确知各地生命注册之正确程度，并能鼓励各地之注册官吏。英国之特点，在于将报告与注册分为两事。手续未免过于繁重。法国之特点，在于兼采监禁方法，以处罚玩忽不报之人。此等严厉处分，用以处置此等过犯，未免太过。最适宜之方法，莫若奖惩并用。一方面可以鼓励报告人。一方面可以警告玩忽不报之人。瑞士之特点，在于利用各色卡片，分别记载男女出生、死亡等事。此种卡片之长处，在于可以用人工分类。盖卡片既硬，人手较易抽插。各卡片之颜色不同，又可助人记忆。法至善也。瑞士之死亡注册卡片，手续虽烦，实足求得死亡之真因。政府对于医士，若能奖惩并用，则医士必能尽量报告。

无论如何，注册之事，必须强迫执行。注册之限期，不可太长。兹再将世界各国户籍法，关于此二事之规定，比较如次：

国别	注册法制定之时期	实行强迫报告与否	强迫之方法	出生注册之限期	死亡注册之限期
英国	一八三七年	自一八七四年起实行强迫制度	四十先令以下之罚金	三十六点钟以内报告，六星期以内注册	五日
苏格兰	一八五五年	未详	未详	三星期	八日
爱尔兰	一八六四年	强迫	未详	一八八一年以前定为三星期，以后改为六星期	五日
奥国	一八五七年	强迫	二百开隆以内或十四天以下之罚金或监禁	无定期	无定期
比利时	一八〇三年	强迫	未详	三日	二十四小时
捷克斯拉夫	一九二五年	强迫	未详	无定期	无定期
丹麦	一六八七年			城市以内二日，乡村地方八日	无定期
瑞典	一六八六年			六星期	无定期

50

续表

国别	注册法制定之时期	实行强迫报告与否	强迫之方法	出生注册之限期	死亡注册之限期
挪威	一七三五年			奉基督教者限于受洗时报告，不奉教者限于一月之内报告	不得太迟
法国	一八〇三年	强迫	十六至三百法郎之罚金或六天至六个月之监禁	三日	无定期
德国	普鲁士一八七四年，巴伐利亚一八七六年	强迫	罚金各邦不等	七日	二十四小时
荷兰	一八一五年	强迫	一百固登以下之罚金	三日	五日
匈牙利	一八九五年以前由教会负责，一八九五年以后由政府负责	强迫	六百克郎之罚金	七日	一二日

51

续表

国别	注册法制定之时期	实行强迫报告与否	强迫之方法	出生注册之限期	死亡注册之限期
意大利	一八六三年	强迫	一百吕尔以内之罚金	五日	二十四小时
葡萄牙	一八八六年	自一九一一年起实行强迫报告制度	未详	一月	不得迟延
西班牙	一八七〇年	强迫	初次犯罚五至十比西大之罚金，以后加倍	三日	二十四小时
罗马尼亚	一八六六年	强迫	未详	三日	二十四小时
瑞士	一八七四年	强迫	一百法郎以下之罚金	三日	三日
美国	标准注册法定于一九〇〇年			十日	不得迟延
加拿大	标准注册法定于一九一八年	强迫	五十元以内之罚金或三月以内之监禁	一年	不得迟延
日本		强迫	日金十元以下，仍不呈报者二十元以下	十四日	七日

观上表，可以发现二种情形：第一，强迫报告制度，已成为世界上普遍的趋势。第二，死亡报告之限期，较短于出生报告之限期，亦为世界上普遍的趋势。制定生命注册法者，不可不注意此二种趋势也。

第五节　生命注册之难题——息胎

息胎与流产、出生三者，最难明白区别。兹再将各国生命注册法对于息胎二字之定义，举示于下，且作总结全篇之尾声。

匈牙利　匈牙利之生命注册法，对于息胎之定义，异常宽泛。凡婴儿在出生以前，或正在出生之时，丧失其生命者，谓之息胎。如在出生之时，尚有丝微气息，均当视作出生。

葡萄牙　无明白之定义。

西班牙　凡出生之婴儿，如无丝微气息，应视作息胎。又凡婴儿在出生以后，二十四小时之内，如不能保存生命，亦当视作息胎。

比利时　按照比利时之生命注册法，凡胎儿在妊娠一百八十日之后，如有夭折之事，皆当视作息胎。然在比国《人口统计》上，凡婴儿之落蓐即死者，以及死于注册以前者（三日），皆视作息胎。

奥地利　凡落蓐即死之婴儿，如经医生验明，确有独立生存之可能，皆当视作息胎。

英国　凡脱离母体之婴儿，如无呼吸与生机，当视作息胎。

瑞士　凡婴儿在妊娠六个月以后，无论是否按时降生，抑系先期降生，若在落蓐以后，即无呼吸，当视作息胎。

法国　按照一九一九年之新民法，凡婴儿未及注册即行夭折者，皆当视作息胎。

荷兰　凡先期或按时降生，落蓐即死之婴儿，以及未及注册即行夭折之婴儿，皆当视作息胎。

捷克斯拉夫　一九二四年，生命注册法，定为凡落蓐即无生机（脉搏与呼吸）之婴儿，当视作息胎。

德国　凡妊娠满一百二十日以后，落蓐即无呼吸之婴儿，当视作息胎。

美国《标准注册法》上，规定为五月。通常习惯，凡妊娠满六七个月，落蓐无呼吸者，当视作息胎。

大抵一国息胎之多少，可以决定该国国民母体健康之程度，以及国民繁殖之可能程度。中国对于卫生方法，不甚考究。婴儿之夭折者，必多。欲使人民有所警惕，自应将息胎之定义推广。故德国之息胎定义，乃中国所应采用者也。

第六节　生命注册之项目

在出生与死亡注册之时，必须注册之项目，为如何乎？此为人人心中之疑问。欲求得此种答案，莫若比较各国之成例。兹举之，如下。（表中1、2、3……号数表示原来表格中发问之先后。）

世界各国出生注册之调查事项
世界各国死亡注册之调查事项

大抵在出生注册之中，有二项为各国共同问及：是为婴儿之名，（如出生时尚未命名，可以补报。）及婴儿之性别。至于婴儿之出生日期及地点，父母之姓名及住址，以及父母（或父）之职业，虽非各国所共同问及，然大多数国家皆问及之。可见以上所述各项，均为出生注册必须问及之项。除此以外，吾以为"婴儿在法律上之地位"（合法生育或私生），以及"父母之年龄"亦必须问及。此二项虽非大多数国家所注意，然婚姻制度为现代社会所共同保守者。如欲知非婚姻所生之儿童数目，不可不注意婴儿之法律地位。若夫"父母之年龄"，正所以考验国民在各种年龄之生殖力，亦岂可忽之？

死亡注册稍形复杂。同一项目，有若干国家以之属于死亡呈报之报告单。有若干国家以之属于死亡注册单。又有若干国家以之属于医生证明书。故欲研究死亡注册之项目，最妙办法，应合并各国之死亡报告单、死亡注册单以及医生证明书，而研究之。（美国及坎拿大，于注册单上，附载医生证明书。奥大利、匈牙利、西班牙及荷兰另有医生证明书。惟奥大利及荷兰之证明书皆由医生交由报告人代为送达。瑞士用三联单。第三联写死因。由医生随后秘密填写。)

关于死亡方面，有四项为各国共同注意者：(一)死者之姓名。(二)死者之出生日期。(三)死者之职业。(四)死亡日期。另有三项，仅为二三国家所无。是为死亡地点、死者之性别，以及死亡之原因。若夫其他各项，皆仅有少数国注意及之。关于"死亡原因"，其内容异常复杂。若干国家，仅问及死亡之主要原因。然如美国、坎拿大等，更问及附带发生之病症，盖即"副因"是也。又有若干国家，将原因分为远因与近因。更有若干国家，兼注意及死者之卫生情形。自吾观之，苟非医药技能甚高，殊难明致死之"主因""副因""远因""近因"等项。与其因以致误，何如仅提出"死亡主因"之为愈耶。

于此有应附带论及者，是为结婚注册之项目。自理论言之，婚姻统计亦为生命统计之一部分。① 然而政治上、卫生上之所注重，惟在于出生、死亡。故各国之婚姻统计，类多不甚完全。盖人民有时玩忽不报，而政府亦不以全力办理之也。然在结婚之时，政府尚规定结婚注册法。至于离婚之时，政府更无从得知，仅凭法院及教士之报告而已。兹举示各国结婚注册之项目如下。从下表，可知有六项为大多数国家所注意。是为，(一)结婚之日期。(二)男女之姓名。(三)男女之出生地。(四)男女之年龄。(五)男女之民事身份。(六)男女之职业。是为结婚注册之要项。虽然，吾以为"结婚所在地"一项亦当目为要项。盖结婚注册之地点，有时并非结婚之地点。苟欲确知结婚之地点为何地，自应特别询及也。

世界各国结婚注册
之调查事项

---

① "Vital statistics is concerned with marriages, births and deaths, with sickness in its many varieties, with accidents, drunkenness and crimes, and with prosperity and poverty", Newsholme, a, Element of Vital Statistics, p. I.

四 中国人口统计正讹

第一节 导 言

人口统计者何？其所研究，不外三者：第一为人类之增长，例如各时期之人口数目。第二为人类之分类，例如性别、年龄、职业等项。第三为人类之变动，例如出生、婚姻、疾病、死亡等项。必完全具有此三者，始有完全之人口统计。

在过去数千年中，中国人口统计未尝一日完全。其所注意，惟在人口数目。此等数字，具见载籍，顾又矛盾混淆，不可钻理。然则荟萃群说而厘考之，以求得过去之中国人口统计，其亦为学者所乐闻乎？

中国人口统计之最早者，当推夏禹时代。约当西历纪元前2280年。《后汉书·郡国志》注《帝王世纪》曰："禹平水土，为九州。民口千三百五十五万三千九百三十五人。"此说本诸伏生《尚书大传》。然而《尚书大传》果何所本？至今为存疑之案。殆亦不足深信矣。

周之人口数目，见于《后汉书·郡国志》注所引《帝王世纪》，杜佑《通典》亦载周平王时之人口。此二书究竟何所根据？学者疑之。故亦不足信。然而周之清查人口方法，详见于《周礼》。其方法诚有足纪者。独惜《周礼》为晚出之书。其真伪未可知耳。

考《周礼》。专司人口统计之官为小司寇所辖之司民。司民中士六人。府三人。史六人。胥三人。徒三十八人。殆犹中央人口统计局之常任官吏。其在各州，专司人口统计者，为州伯所辖之州史。州史统辖各地方之闾师。闾师统辖各家族之宰。子生三月，父名之。宰书曰，某年某月某日生，而藏之。宰告闾史。闾史书其二：其一藏之闾

56

府，其一献之州史。州史献之州伯。州伯命藏诸州府。此殆与近世之
出生注册相类。司民掌万民之数。凡男八月女七月生齿，自生齿以
上，皆书于版，其意盖谓生齿则能食，能食则成人，故始基于此。次
复辨其国中与其都鄙，及其郊野。异其男女。终乃每岁登下其生死。
及三年大比，乃以孟冬之日，献版于王。王拜受之，登于天府。内
史、司会、冢宰皆写一通副贰，藏之，以赞王治。此种方法，又颇类
近世斯堪的纳维亚诸国（Scandinavian Countries）之方法。惟斯堪的纳
维亚诸国之人口登记，详载人口各种事项，此则仅载人口数目耳。

自吾观之，无论在何国家，人口统计之发达，每托始于出生注册。
盖初民之于增加人口，视为重典，故恒慎以将之。欧洲中古，宗教之
势方隆，凡民始生，必受洗礼。牧师书于册曰，某年月日某生。此其
滥觞也。浸假演进，牧师始有迁徙，死亡之记录。终乃本此生、死、
迁徙之记录，以作成人口统计。美国在殖民时代，盖亦犹是也。迨至
一七九○年，美国创办第一次全国人口清查，而雏形始具。故近代之
人口统计，仅为一七九○年以来之事耳。故欧美之人口统计制度，皆
滥觞于教会。中国素隆族制，家族制度之信奉，殆亦犹欧洲之信奉宗
教。然则子生而家宰书之，殆亦可信。所可疑者，在往古之时，欧美之
教会，虽有人口统计之雏形，政府初未尝过问之。政府之管理人口统计，
在欧美仅为近二百年之事。中国周室，何独行之于数千年以前耶？

秦之人口统计，不可得而闻。所可纪者，《史记·秦始皇本纪》，
始皇十六年，初令男子书年。然则是时女子殆不书年也。

大抵周秦以前之清查人口，所以征赋兵卒，所以科敛力役之征。
《周礼》地官小司徒，"及三年大比，大比则受邦之比要。乃会万民之
卒伍而用之。以起军役，以作田役，以比追胥，以令贡赋。凡起徒
役，毋过家一人，以其余为羡。唯田与追胥竭作"。若果《周礼》为可
信，此非征赋兵卒与科敛力役之明证欤？故周宣王有料民之举，而兵
车之数亦以所辖井田之数为多寡，此皆征敛兵卒之事也。至于力役之
征，一见于《孟子》，散出于《诗经》，其例亦至繁夥。秦始皇令男子
书年，殆亦欲知此等男子是否能胜兵役与力役也。萧何入关，先收秦
之图籍，以此知天下之厄塞，与户口之多少。户口之重要如此，谓非

57

国家征科之根据，可乎？故知此时之人口统计完全为政治目的。从军与力役，皆非男子不可。此时男子必多隐匿不报者。井田之制，是否出于孟子臆撰，而今殊不可知。若果有此制，人民受廛为氓，生息于固定处所，出入相友，守望相助，疾病相扶持。则彼此情形，无从隐匿。而又有闾师以督察之。此时人口统计或可正确，否则难矣。是故自大较言之，周秦以前恐难获得正确之人口数目。此外尚有一事，亦足使当时之人口数目舛误，是为官吏之舞弊。《国语》称尹铎治晋，损其户数以市惠。此虽仅为一种例证，即此以推其余，当时各国之人口数目，必多涂改之事。由此观之，《帝王世纪》之所载，固不足信，即使周秦以前之古史具存，其所载之人口数目，亦不足深信也。

自汉朝以降，中国之史册俱存。历代正史，皆列举人口数目。而其他典籍，如《册府元龟》《通典》《通考》之属，皆列举历代人口数目。（后汉人口数目多见于《帝王世纪》及应劭《汉官仪》。）然而此时代之人口数目亦殊不可信：第一，在于人民之逃亡、隐匿。自汉以降，征兵之制渐坏。自汉高祖四年，以迄清康熙末年，国家复废弃力役之征，而用丁赋。逃亡、隐匿之弊，宜若可以少减。然而丁赋之制，本是按丁作赋，人民之畏之也，固不少减于力役之征。李翱有言，"丁口之徭重，则人争隐漏以避役"。马端临有言，"庸调之数愈增，则加之数愈减"。事实如此，则亦难望有可靠之报告已。第二在于国家仅调查土著之人口，而忽略转徙浮寄者。是故每值大乱之后，人口之数目辄锐减，盖转徙者众也。而历朝亦屡下流民归乡之诏令。第三在于官吏之作伪。地方官吏之造册，中央官吏之稽核，皆为具文。例如宋政和间，天下户口类多不实。虽尝立法比较，钩考，岁终会其数，按籍隐括脱漏，定赏罚之格。而终莫能拯其敝。故《续文献通考》尝慨然叹"有司之造册，与户科户部之稽查"为"儿戏之举"。而断为"绝不可信"。吾人乃欲据之以为信史，盖亦难矣。第四在于史册所载之数目不可靠。著者此次详考中国历代之人口数目，深知史册所载，讹谬极多。历代记乘，或因计算未清，或因传抄错误，人口数目，讹谬甚多。各郡人口数目之和，往往不等于全国人口之总数。各县人口数目之和，亦不等于全郡人口之总数。甚至同一事实，在前后两次叙述之时，亦往往互有出入。至于其他典籍所记之历代人口数目，亦往往与正史互有出入。其结果乃令吾人不得不作存疑之举。总合上举四种原因，可知自汉以迄清初之人口数目，亦不可深信。

自汉以迄明初，编制人口统计之法，不详于史籍。所可得而言者，仅为北魏、北齐、唐、金、明五代之方法。北魏五家立一邻长，五邻立一里长，五里立一党长。北齐人居十家为比邻，五十家为间里，百家为族党。唐制以百户为里，五里为邻。每里设里正一人。在邑居者，为坊。别置坊正。在田野者，为村。别置村正。乡之上为县。县之上为州。州之上为户部，人口统计三年一造。以正月上旬为开始之时。凡里有手实法。岁终，具民之年，与地之阔狭，为乡账。赍送于县。县送于州。州依式勘造。乡别为卷。凡户口，以其资升降定为九等。在卷脚注明之。有折生新附者，于旧户后以次编附。依此共写三本。其缝皆注明某州某县某年籍。州名用州印。县名用县印。三月三十日造讫。一本留县，一本留州，一本送户部。所须纸笔装潢之费，并皆出于当地户口，内外一钱。金制民以五家为保。泰和六年，改从唐制：五家为邻，五邻为保。京府州县郭下则置坊正。村社则随户众寡为邻，置里正。村社三百户以上则设主首四人。二百以上，三人。五十户以上，二人。以下，一人。以佐里正，置壮丁，以佐主首。猛安谋克部村寨，五十户以上，设寨使一人，掌同主首。寺观则设纲首。凡户口计账，三年一籍。自正月初，州县以里正，主首。猛安谋克则以寨使。诣编户，责手实。具男女、老幼、年龄与姓名。生者增之，死者除之。正月二十日，以实数报县。二月二十日，申州。以十日内达上司。无远近皆以四月二十日到部。大抵唐代人口统计方法，与金代之方法无大出入。以其皆以手实法为根据也。明代之人口统计方法，独根据于保甲法。洪武三年，诏户部籍天下户口，及置户帖。各书户之乡贯、丁口、名、岁。以字号编为勘合。用半印钤记。籍藏于部，帖给于民。令有司点闸比对。是为户帖之始。洪武十四年，乃定攒造黄册之法。自此以后，每岁分旧管、新收、开除、实在四柱，汇报户口总数。县报于州，州报于府，府报于布政司，布政司报于户部。此外又须每十年攒造黄册一次。其法，以一百一十户为里，推丁多者十人为甲首。其余百户，分为十甲，每甲十人。城中曰坊，近城曰厢①，乡都曰里。每当十年造册之时，地方官吏先将一户定式誊刻印板，给与坊长、厢长、里长，并各甲首。令人户自将本户人丁事产依式开写，付该管甲首。所造文册，攒造一处，送赴本县。本县官吏，比照先次原造黄册，查出实在人口数目。分豁上、中、下三等人户。仍用军、民、灶、匠等籍。每里为一册。册首总为一图。其年老、残疾，并幼小十岁以下，及寡妇、外郡寄藏人口，则带管于一里之外，而列图于后，名曰畸零户。凡册，皆须造二份：一份送交上级官府，一份存留本地方。清初，人口统计方法，完全因袭明代方法。仅改为五年编审一次而已。顺治十七年，令直省每岁底将丁徭户籍汇报。康熙二十五年，以原定编审限期太宽，更定一年岁底汇报。故清室之人口数目，历年皆有。

自汉代迄于清初，人口年龄分类法，亦有可纪者。汉景帝二年，令天下男子年二十始登记。晋代男子年五十以上至六十为正丁，五十以下至十三，六十以上至六十五为次丁，十二以下为小，六十六以上为老。北齐男子十八以上六十五以下为丁，十六以上十七以下为中，六十六以上为老，十五以下为小。隋高祖开皇二年，男女三岁以下为黄，十七以下为中，十八以上为丁，六十为老。三年，令军人以二十一成丁。炀帝大业元年，诏男子以二十二成丁。唐高祖武德六年，以始生为黄，四岁为小，十六为中，二十一为丁，六十为老。武后神龙元年，二十二成丁，五十九免役。玄宗天宝三载，百姓十八以上为中，男二十三以上成丁。代宗广德元年，男子二十五成丁，五十五为老。金制，男女二岁以下为黄，十五以下为小，十六为中，十七为丁，六十为老。明制，民年十五为成丁，十四以下为不成丁。此等年龄分类法，实仅用于男子。所以决定人民应纳丁赋之年龄。吾人由此更可想见，女子并无年龄分类之事。

清圣祖康熙五十一年，诏令永停编审。嗣后所生人丁，免其加征。此诏逐渐推行于各省。比及世宗末年，全国赋税皆为丁随地起。

---

① 依史料应为"厢"，原底本为"箱"。——编者注

中国人口数目，乃永远与赋税无关。于是清代之人口统计方法，完全根据保甲法。其法州县、城乡十户立一牌头。十牌立一甲头。十甲立一保长。户给印牌，书其丁口。说者谓自兹以降，中国人口数目，乃渐可信。盖丁赋既除，人民无须逃赋，信可据实呈报也。虽然，此论亦未尽确。是时奉行保甲法者，仅为中国本部。满洲八旗，以及内外蒙古，始终未尝奉行保甲法。根据清德宗光绪十七年所修之《理藩部则例》。是等地方，每三年一次比丁，编造丁册。其在八旗，凡壮丁以年至十六岁为准。及岁者，核实入册，未及岁已挑养育兵者，一体造入。其在蒙古，壮丁年六十以下，十八岁以上者，皆编入丁册，有病者开除。由此可见，丁册所载，仅为男子之一部分。然则女子全体，及夫男子之他一部分，固皆未尝编入也。满洲八旗，内外蒙古之情形如此，若夫青海、新疆、西藏等地，更未尝齿及人口统计矣。然则此时保甲法之所得，亦仅为中国本部之人口耳。而况欲问人口数目是否正确，宜先问所用统计方法是否可靠。当时所用之保甲法，是否为可靠之人口统计方法乎？中国用保甲以清查人口。斯堪的纳维亚半岛诸国，则用教区以清查人口。此二种方法，实属完全相似。此等方法，适用于乡村，而不适用于都会。中国各都会之繁荣，虽不能与近代之都会比。然而人民之迁徙，商贾之往来，亦极烦数。为保甲者，若欲周知人民之变动，其势有所不能。势必常有违反实在情形之处。次更就奉行此方法之官吏而论。《清稗类钞》谓："我国人口自雍正（清世宗）以来，永停编审。以丁粮摊入地税，曰地丁。全国户口，遂无确数。地方官造报户部，类多意为增减，不足依据。"而《东华录》更直斥此等保正甲首为"无知小民，玩忽职守"，以致"国家编审大典，等诸虚构"。可见前人已痛恨此时官吏之作伪，保甲之不善。吾人又何必深信此时代之人口数目耶？

自清高宗以后，国家多事，外侮洊至。迨及文宗，各省渐多不肯呈报者。自时厥后，保甲法乃全隳矣。

拳匪乱后，清廷曾公布全国人口数目载在《北京官报》。其书今已无存，故不可考。有清末季，国家倡议立宪，朝廷乃明颁清查户口法例。于是废帝宣统二年十一月，始有全国户数之大概。（其未经列入者，尚有奉天之二十七属，四川之八十九属，及热河之各府、州、县、杭州、乍浦、京口之驻防。）而人口数目则仅备于数省。此时所得结果，极为中外学者所重视。或笃信之，或深非之。而各种人口数目之推测，实因此起。吾人以为此时所得之户数与口数，实亦不足深信。清季始行警察之制。然仅限于都会城中及其附郭。偏僻小县，每无警察之制。至于乡村，更无论矣。即使当时警察政治果有以异于保甲法，其所能稽查之民户，亦仅限于所辖之区。至于警察势力所不能到之区，盖仍恃诸村董、地保之悠悠言论。或仅恃县中之粮串底册。而况常时仍系采用填报之法。中国人民，至今犹多怀疑人口统计之性质。然则其所填报者，每为失实之事耳。是故此时所得之户数，以及人口数目，滋难信矣。

于此有应述者，是为当时之清查户口条例。此项条例，其规定至为奇特。第一次仅欲调查户数，第二次始调查口数。自吾人观之，若仅知全国户数而不知口数，将无所用。然而当时独斤斤于此事，诚可异也。调查户口，民政部综之。其下分三级。京师内外城，以巡警总厅厅丞。顺天府各属，以府尹。各省以巡警道为监督。其未设巡警道各省，暂以布政司为监督。总监督之下，置调查户口监督，京师各巡警分厅知事，各省厅州县同知、通判、知州，皆为监督。调查户口事务，归下级地方自治董事会，或乡长办理。以总董或乡长为调查长。董事或乡董为调查员。其自治职尚未成立地方，由各该监督督率所属巡警，并遴派本地公正绅董，会同办理。调查监督应就所管地方按照地方自治区域，划定调查户口区域。其自治区域尚未分划以前，应由各该监督，就本管地方，酌量地面广狭暂行分划区域，申请总监督核定。调查户数之方法，即由调查员就分划地段以内，按照部定门牌格式，按户依号编订。每户一号。其有二户以上同住者，以一号为正户，余为附户。凡二户以上同住者，以先住者为正户，后住者为附户。若同时移居，则以人口较多之户为正户。附户应另列号数，标明附户字样，别钉门牌。在调查户数之时，应附查户主姓名。调查口数之法，即由调查员就编定户数，按照部定查口票格式，交由户主填报。查口票载有姓名、年岁、职业、籍贯、住所等项。并附记户内有无曾受监禁以上之刑者，户主有无正当职业，以及户内是否多人杂居。查口票填写后，仍应由调查员随时亲赴各户，按照所填各节，抽查。在编造口数册之时，并应将册内年届七岁之学童，以及年届十六岁之壮丁，另计总数，附记核册之后。在户口调查之外，更有特别调查。凡各省船户，应另行分段，别号。凡未设行省，如内外蒙古、青海、西藏等地方，应由各该长官调查。凡旅居外洋，无论游学、经商、作工人等，应由出使大臣督率各该领事分别调查。

民国以后，续行委办委员会、各省警察局及夫市政府，皆有当地人口清查。其方法大抵抄袭宣统二年之方法，而略加变易。本篇姑不具论。

总观往古，中国过去之人口数目，至可怀疑。疑而存之，亦足以稽往宪。若欲奉为信史，则滋惑矣。中外学者，今兹竞欲估计中国人口数目。举其著者，中国海关，尝根据洋货入口量，以估计中国人口。而孰知中国之消费洋货，寝入腹地则寝微。中国盐务署，尝根据食盐之消费量，以估计中国人口。然却忘私盐之消费量。中国邮政局，亦尝综合中国各县之估计，而得中国之人口数目。若夫各县之估计是否可恃，则非所问。比年以来，威尔确士教授（Prof.W.F.Wilcox）与陈伯修先生之争辩，尤足振摇当世。然而中国已往之人口数目既皆不足恃，不能恃，果何从估计而修正之耶？欲确知中国人口数目，及其他人口问题，今后要当努力作一全国清查，更辅以生命注册而已。

第二节　历代户口数额表

（自夏禹至清咸丰十年）

朝代及郡名	户数	口数	备考
夏			
禹	—	13,553,935	按《后汉书·郡国志》注，《帝王世纪》云云。又按《驹阴冗记》："禹平水土民户 13,553,923；民口 39,220,000。"

朝代及郡名	户数	口数	备考
周			
成王	—	13,714,923	见《帝王世纪》。又按《驹阴冗记》:"周公相成王时民户13,714,923;民口49,232,151。"
庄王十三年	—	11,847,000	见《帝王世纪》(五千里内)。又按杜佑《通典》,作五千里外11,841,923。又按《驹阴冗记》:"春秋时民口11,847,000。"
汉			
平帝元始二年	12,233,062	59,594,978	见《地理志》。按应作户12,365,470;口57,065,401。
京兆尹(12县)	195,702	682,468	按杜佑《通典》:"元始二年户口,汉之极盛也。及王莽篡位,继以更始,赤眉之乱,率土遗黎,十才二三。"
左冯翊(24县)	235,101	917,822	按《文献通考》:"汉之户口至元始二年最为殷盛,故志举之以为数。"
右扶风(21县)	216,377	236,070	
弘农郡(11县)	118,091	475,954	
河东郡(24县)	236,896	962,912	
太原郡(21县)	169,863	680,488	
上党郡(14县)	73,798	337,766	
河内郡(18县)	241,246	1,067,097	

续表

朝代及郡名	户数	口数	备考
河南郡（22 县）	276, 444	1, 740, 279	
东郡（22 县）	401, 291	1, 659, 028	
陈留郡（17 县）	296, 284	1, 509, 050	
颍郡（20 县）	432, 491	2, 210, 973	
汝南郡（37 县）	461, 587	2, 596, 148	
南阳郡（36 县）	359, 016	1, 942, 051	
南郡（18 县）	125, 579	718, 540	
江夏郡（14 县）	56, 844	219, 218	
庐江郡（12 县）	124, 383	457, 333	
九江郡（15 县）	150, 052	780, 525	
山阳郡（23 县）	172, 847	801, 288	
济阴郡（9 县）	290, 025	1, 386, 278	
沛郡（37 县）	409, 079	2, 080, 480	
魏郡（18 县）	212, 849	909, 655	
钜鹿郡（20 县）	155, 951	827, 177	
常山郡（18 县）	141, 741	677, 956	
清河郡（14 县）	201, 774	875, 422	
涿郡（29 县）	195, 607	782, 764	
渤海郡（26 县）	256, 377	905, 119	
平原郡（19 县）	154, 387	664, 543	
千乘郡（15 县）	116, 727	490, 720	
济南郡（14 县）	140, 761	642, 884	
泰山郡（24 县）	172, 086	726, 604	
齐郡（12 县）	154, 826	554, 444	
北海郡（26 县）	127, 000	593, 159	

续表

朝代及郡名	户数	口数	备考
东莱郡(16县)	103,292	502,693	
琅琊郡(51县)	228,960	1,079,100	
东海郡(38县)	358,414	1,559,357	
临淮郡(29县)	268,283	1,237,764	
会稽郡(26县)	222,038	1,032,604	
丹阳郡(17县)	107,541	405,170	
豫章郡(18县)	67,462	351,965	
桂阳郡(11县)	28,119	156,488	
武陵郡(13县)	34,177	185,758	
零陵郡(10县)	21,092	139,378	
汉中郡(12县)	101,570	300,614	
广汉郡(13县)	167,499	662,249	
蜀郡(15县)	268,279	1,245,929	
犍为郡(12县)	109,419	489,486	
越巂郡(15县)	61,208	408,405	
益州郡(24县)	81,946	581,463	
牂牁郡(17县)	24,219	153,360	
巴郡(11县)	158,643	708,148	
武都郡(9县)	51,376	235,560	
陇西郡(11县)	53,964	236,824	
金城郡(13县)	38,470	149,648	
天水郡(16县)	60,370	261,348	
武威郡(10县)	17,881	76,419	
张掖郡(10县)	24,352	18,731	
酒泉郡(9县)	18,137	76,726	

续表

朝代及郡名	户数	口数	备考
敦煌郡(6县)	11,200	38,335	
安定郡(21县)	42,725	143,294	
北地郡(19县)	64,461	210,688	
上郡(23县)	103,683	606,658	
西河郡(36县)	136,390	698,836	
朔方郡(10县)	34,338	136,628	
五原郡(16县)	39,322	231,328	
云中郡(11县)	38,303	173,270	
定襄郡(12县)	38,559	163,144	
雁门郡(14县)	73,138	293,454	
代郡(18县)	56,771	278,754	
上谷郡(15县)	36,008	117,762	
渔阳郡(12县)	68,802	264,116	
右北平郡(16县)	66,689	320,780	
辽西郡(14县)	72,654	352,325	
辽东郡(18县)	55,972	272,539	
元菟郡(3县)	45,006	221,845	
乐浪郡(25县)	62,812	406,748	
南海郡(6县)	19,613	94,253	
郁林郡(10县)	12,415	71,162	
苍梧郡(12县)	24,379	146,160	
交迹郡(10县)	92,440	746,237	
合浦郡(5县)	15,398	78,980	
九真郡(7县)	35,743	166,013	
日南郡(5县)	15,460	69,485	

朝代及郡名	户数	口数	备考
赵国(4县)	84,202	349,952	
广平国(15县)	27,984	198,558	
真定国(4县)	37,126	178,616	
中山国(14县)	160,873	668,080	
信都国(17县)	65,556	304,384	
河间国(4县)	45,043	187,662	
广阳国(4县)	20,740	70,658	
川国(3县)	50,289	221,031	
胶东国(5县)	72,002	323,331	
高密国(8县)	40,531	192,536	
城阳国(4县)	56,642	205,784	
淮阳国(9县)	135,544	981,423	
梁国(8县)	38,709	106,752	
东平国(7县)	131,753	607,976	
鲁国(6县)	118,045	607,381	
楚国(7县)	114,738	497,804	
泗水国(3县)	25,025	119,114	
广陵国(4县)	36,773	140,722	
六安国(5县)	38,345	178,616	
长沙国(13县)	43,470	235,825	
光武中元二年	4,274,634	21,007,820	见《郡国志》注《帝王世纪》云云。按应劭《汉官仪》,户4,279,614。未详孰是。

续表

朝代及郡名	户数	口数	备考
明帝永平十八年	5, 860, 572	34, 125, 021	又按《驹阴冗记》所载户数，与应劭所记载相同。
章帝章和二年	7, 456, 784	43, 356, 367	并见《郡国志》注、应劭《汉官仪》云云。
和帝元兴元年	9, 237, 112	53, 256, 229	按永和五年应作户9, ?8?, 765；口 47, 891, 931。①
安帝延光四年	9, 647, 838	48, 690, 789	
顺帝永和五年	9, 698, 630	49, 150, 220	
按与应劭《汉官仪》不同。见备考。			
河南尹（51 城）	208, 486	1, 010, 827	后汉增置诸郡国上户口之数。按《后汉书·郡国志》云：汉承秦 36 郡，县邑数百，后稍分析。至于孝平，凡郡国百三，县邑道侯国千五百八十七。世祖中兴，惟官多役烦，乃命并合省郡国十，县邑道侯国四百余所。至于明帝，置郡国二，和帝置三，安帝又命属国别领，比郡者六，又所省县渐复分置。至于孝顺，凡郡国百五，县邑道侯国千一百八十，民户九百六十九万八千六百三十，口四千九百十五万二百二十。注云，应劭《汉官仪》曰，世祖中兴，海内人民可得而数，裁十二三，边陲萧条，靡有孑遗，塞破坏，亭遂绝减。建武二十一年始遣中郎将马援、谒
河内郡（18 城）	159, 770	801, 558	
河东郡（20 城）	93, 543	570, 803	
弘农郡（9 城）	46, 815	199, 113	
京兆尹（10 城）	53, 299	285, 574	
左冯翊（13 城）	37, 090	145, 195	
右扶风（15 城）	17, 352	93, 091	
颍川郡（17 城）	263, 440	1, 436, 513	
汝南郡（37 城）	404, 448	2, 100, 788	
梁国（9 城）	83, 300	431, 283	
沛国（21 城）	200, 495	251, 393	
陈国（9 城）	112, 653	1, 547, 572	
鲁国（6 城）	78, 447	411, 590	
魏国（15 城）	129, 310	695, 606	
钜鹿郡（15 城）	109, 517	692, 096	
常山国（13 城）	97, 500	631, 184	
中山国（13 城）	97, 412	658, 195	
安平国（13 城）	91, 400	655, 118	
河门国（11 城）	93, 754	634, 421	
清河国（7 城）	123, 964	760, 418	

①　底本印刷不清，不清楚处用"?"代替。下同。

续表

朝代及郡名	户数	口数	备考
赵国（5城）	32,719	188,381	者，分修隧侯，堡垒稍兴立郡县十余万户或空置，太守令长招还人民，上笑曰，今边无人而设长吏治之难如春秋素王矣乃建立三营，屯田殖谷，弛刑摘徙以充实之，永和中户至千七十八万，口五千三百八十六万九千五百八十八，又《帝王世纪》永嘉二年户则多九十七万八千七百七十一，口七百二十一万六千六百三十六，应载极盛之时而所殊甚众，舍永嘉多取永和少，良不可解。皇甫谧校核情审，复非缪记未详孰是岂此是顺朝时书，后史即为本乎，伏无忌所记，每帝崩辄最户口及垦田大数今列于后以滋减之差焉。（见后）
渤海郡（8城）	132,389	1,106,500	
陈留郡（17城）	177,529	869,433	
东郡（15城）	136,088	603,393	
东平国（7城）	79,012	448,270	
任城国（3城）	36,442	194,156	
泰山郡（12城）	80,929	437,317	
济北国（5城）	45,689	235,897	
山阳郡（10城）	109,898	606,091	
济阴郡（11城）	133,715	657,554	
东海郡（13城）	148,784	706,416	
琅琊国（13城）	20,804	570,967	
彭城国（8城）	86,170	493,027	
广陵郡（11城）	83,907	410,190	
下邳国（17城）	136,389	611,083	
济南国（10城）	78,544	453,308	
平原郡（9城）	155,588	1,022,658	
乐安国（9城）	74,400	424,075	
北海国（18城）	158,641	853,604	
东莱郡（13城）	104,297	484,393	
齐国（6城）	64,415	491,765	
南阳郡（37城）	528,551	2,439,618	
南郡（17城）	162,570	747,604	
江夏郡（14城）	58,434	265,464	
零陵郡（13城）	212,384	1,001,578	

续表

朝代及郡名	户数	口数	备考
桂阳郡(11城)	135,029	501,403	
武陵郡(12城)	46,672	250,913	
长沙郡(13城)	255,854	1,059,372	
九江郡(14城)	89,436	432,426	
丹阳郡(16城)	136,518	630,545	
庐江郡(14城)	101,392	424,683	
会稽郡(14城)	123,090	481,196	
吴郡(13城)	164,164	700,782	
豫章郡(21城)	406,496	1,668,906	
汉中郡(9城)	57,344	267,402	
巴郡(14城)	310,691	1,086,049	
广汉郡(11城)	139,865	509,438	
蜀郡(11城)	300,452	1,350,476	
犍为郡(9城)	137,713	411,378	
牂牁郡(16城)	31,523	267,253	
越巂郡(14城)	130,120	623,418	
益州郡(17城)	29,036	110,820	
永昌郡(8城)	231,897	1,897,344	
广汉属国都尉	37,100	205,652	
蜀郡属国	111,568	475,629	
犍为属国	7,938	37,187	
陇西郡(11城)	5,628	29,637	
汉阳郡(13城)	27,423	130,138	
武都郡(7城)	20,102	81,728	
金城郡(10城)	3,858	18,947	
安定郡(8城)	6,094	29,060	
北地郡(6城)	3,122	18,637	
武威郡(14城)	10,042	34,226	

续表

朝代及郡名	户数	口数	备考
张掖郡(8 城)	6,552	26,040	
酒泉郡(9 城)	12,706	—	
敦煌郡(6 城)	748	29,170	
张掖属国	4,656	16,952	
张掖居延属国	1,560	4,733	
上党郡(13 城)	26,222	127,403	
太原郡(16 城)	30,902	200,124	
上郡(10 城)	5,169	28,599	
西河郡(13 城)	5,698	20,838	
五原郡(10 城)	4,667	22,957	
云中部(11 城)	5,351	26,430	
定襄郡(5 城)	3,153	13,571	
雁门郡(14 城)	31,862	249,000	
朔方郡(6 城)	1,987	7,843	
涿郡(7 城)	102,218	633,754	
广阳郡(5 城)	44,550	280,600	
代郡(11 城)	20,123	126,188	
上谷郡(8 城)	10,352	51,204	
渔阳郡(9 城)	68,456	435,740	
右北平郡(4 城)	9,170	53,475	
辽西郡(5 城)	14,150	81,714	
辽东郡(11 城)	64,158	81,714	
元菟郡(6 城)	1,594	43,163	
乐浪郡(13 城)	61,492	257,050	
辽东属国	—	—	
南海郡(7 城)	—	—	
苍梧城(11 城)	71,477	250,282	
郁林郡(11 城)	111,395	466,975	

续表

朝代及郡名	户数	口数	备考
合浦郡（5 城）	—	—	
交趾郡（12 城）	23, 121	86, 117	
九真郡（5 城）	46, 513	209, 894	
日南郡（5 城）	18, 263	100, 676	
顺帝建康元年	9, 946, 919	49, 730, 550	见《郡国志》注应劭《汉官仪》云云。
冲帝永喜元年	9, 937, 680	49, 524, 180	同上
质帝本初元年	9, 348, 227	47, 566, 772	同上
桓帝永寿二年	16, 070, 906	50, 066, 856	按《郡国志》注："《帝王世纪》曰：永平建初之际，天下无事，务在养民。迄于孝和，民户滋殖。及孝安、永初、元初之间，兵饥之苦，民人复损。至于孝桓，颇增于前。永寿二年，户千六百七万九百另六，口五千另六万六千八百五十六。"①按此系京都户口极盛之数。但《通典》载户千六十七万七千九百六十，口五千六百四十八万六千八百五十六。则户少五百三十八万有奇，口多六百四十二万有奇。未详孰是。 按杜佑《通典》："永寿二年，户千六十七万七千九百六十，口五千六百四十八万六千八百五十六。灵帝遭黄巾为寇。献帝遇董卓称乱，火焚宫庙，劫节西迁。是以兴平、建安之际，海内荒残，人户所存，十无一二。"

① 考《帝王世纪》与《后汉书》并无"另"字。——编者注

朝代及郡名	户数	口数	备考
昭烈帝章和元年	200,000	900,000	按《晋书·地理志》云云。
后主末年	180,000	940,000	按《文献通考》，汉昭烈章和元年，有户二十万，男女九十万，蜀亡时，户一十八万，口九十四万，带甲将士十万二千，吏四万。
	——带甲将士	102,000	
	——吏	40,000	
三国鼎立之时	1,473,433	7,672,881	见《驹阴冗记》："三国鼎立之时，统计户口。"
魏陈留王景元四年（与通蜀计）	943,423	5,372,891	按《后汉书·郡国志》注："《帝王世纪》曰，魏景元四年，与蜀通。计民户九十四万三千四百二十三，口五百三十七万二千八百九十一人。"按杜佑《通典》："魏平蜀得户二十八万，口九十四万，带甲将士十万二千，吏四万。通计户九十四万三千四百二十三，口五百二十七万二千八百八十一。"除平蜀所得，当时魏氏唯有户六十六万三千四百二十三，口有四百四十三万二千八百八十一。
吴大帝赤乌三年	523,000	2,400,000	按《晋书·地理志》云云。
孙皓亡时	523,000	2,300,000	按《文献通考》："吴赤乌三年户五十二万，男女二百三十万。吴（孙皓）亡时，户五十三万，吏三万二千，兵二十三万，男女口百二三十万，后宫五千余人。"
按《册府元龟》云云。			

续表

朝代及郡名	户数	口数	备考
晋受魏禅上天下户口之数：			
司州(郡12县100)	475,700	—	以下见《晋书·地理志》。
河南郡(12县)	114,400	—	按司州数应作县99,户486,100。
荥阳郡(8县)	34,000	—	
弘农郡(6县)	14,000	—	
上洛郡(3县)	17,000	—	
平阳郡(12县)	42,000	—	
河东郡(9县)	42,500	—	
汲郡(6县)	37,000	—	
河内郡(9县)	52,000	—	
广平郡(15县)	35,200	—	
阳平郡(7县)	51,000	—	
魏郡(8县)	40,700	—	
顿丘郡(4县)	6,300	—	
兖州 (郡国8县56)	83,300	—	按应作县55。
陈留国(10县)	30,000	—	
濮阳国(4县)	21,000	—	
济阳郡(9县)	7,600	—	
高平国(7县)	3,800	—	
东平国(7县)	6,400	—	
济北国(5县)	3,500	—	
泰山郡(10县)	9,300	—	
任城郡(3县)	1,700	—	

朝代及郡名	户数	口数	备考
豫州 （郡国 10 县 85）	116,796	—	按应作县 86，户 95,696。
颍川郡（9 县）	18,300	—	
汝南郡（15 县）	11,500	—	
襄城郡（7 县）	18,000	—	
汝阴郡（8 县）	8,500	—	
梁国（12 县）	13,000	—	
沛国（9 县）	5,096	—	
谯郡（7 县）	1,000	—	
鲁郡（7 县）	2,500	—	
戈阳郡（7 县）	16,700	—	
安丰郡（5 县）	1,100	—	
冀州 （郡国 13 县 82）	326,000	—	按应作县 83，户 15,000。
赵国（9 县）	42,000	—	
钜鹿国（2 县）	14,000	—	
安平国（8 县）	21,000	—	
平原国（9 县）	31,000	—	
乐陵国（5 县）	33,000	—	
渤海郡（10 县）	40,000	—	
章武国（4 县）	13,000	—	
河间国（6 县）	27,000	—	
高阳国（4 县）	7,000	—	
博陵国（4 县）	10,000	—	
清河国（6 县）	22,000	—	

续表

朝代及郡名	户数	口数	备考
中山国(8县)	32,000	—	
常山国(8县)	24,000	—	
幽州 (郡国7县34)	59,200	—	
范阳国(8县)	11,000	—	
燕国(10县)	29,000	—	
北平郡(4县)	5,000	—	
上谷郡(2县)	4,070	—	
广宁郡(3县)	3,930	—	
代郡(4县)	3,400	—	
辽西郡(3县)	2,800	—	
平州 (郡国5县26)	18,100	—	
昌黎郡(2县)	800	—	
辽东国(8县)	5,400	—	
乐浪郡(6县)	3,700	—	
元菟郡(3县)	3,300	—	
带方郡(7县)	4,900	—	
并州 (郡国6县45)	59,300	—	
太原国(13县)	14,000	—	
上党郡(10县)	13,000	—	
西河国(4县)	6,300	—	
乐平郡(5县)	4,300	—	
雁门郡(8县)	12,700	—	

朝代及郡名	户数	口数	备考
新兴郡(5县)	9,000	—	
雍州 (郡国7县39)	99,500	—	
京兆郡(9县)	40,000	—	
冯翊郡(8县)	7,700	—	
扶风郡(6县)	23,000	—	
安定郡(7县)	5,500	—	
北地郡(2县)	2,600	—	
始平郡(5县)	18,000	—	
新年郡(2县)	2,700	—	
凉州 (郡国8县46)	30,700	—	
金城郡(5县)	2,000	—	
西平郡(4县)	4,000	—	
武威郡(7县)	5,900	—	
张掖郡(3县)	3,700	—	
西郡(5县)	1,900	—	
酒泉郡(9县)	4,400	—	
敦煌郡(12县)	2,500	—	
西河郡(1县)	6,300	—	
泰州(郡6县24)	32,100	—	按应作31,120。
陇西郡(4县)	3,000	—	
南安郡(3县)	4,300	—	
天水郡(6县)	8,500	—	
略阳郡(4县)	9,320	—	

续表

朝代及郡名	户数	口数	备考
武都郡(5县)	3,000	—	
阴平郡(2县)	3,000	—	
梁州(郡8县38)	76,300	—	按应作县44。
汉中郡(8县)	10,500	—	
梓潼郡(8县)	10,200	—	
广汉郡(3县)	5,100	—	
新都郡(4县)	24,500	—	
涪陵郡(5县)	4,200	—	
巴郡(4县)	3,300	—	
巴西郡(9县)	12,000	—	
巴东郡(3县)	6,500	—	
益州(郡8县44)	149,300	—	
蜀郡(6县)	50,000	—	
犍为郡(5县)	10,000	—	
汶山郡(8县)	16,000	—	
汉嘉郡(4县)	13,000	—	
江阳郡(3县)	3,100	—	
朱提郡(5县)	2,600	—	
越嶲郡(5县)	53,400	—	
牂牁郡(8县)	1,200	—	
宁州(郡4县45)	82,400	—	
云南郡(9县)	9,200	—	
兴古郡(11县)	6,200	—	
建宁郡(17县)	29,000	—	
永昌郡(8县)	38,000	—	

朝代及郡名	户数	口数	备考
青州(郡6县37)	53,000	——	
齐国(5县)	14,000	——	
济南郡(5县)	5,000	——	
乐安国(8县)	11,000	——	
城阳郡(10县)	12,000	——	
东莱国(6县)	6,500	——	
长广郡(3县)	4,500	——	
徐州 (郡国7县61)	81,021	——	
彭城国(7县)	4,121	——	
下邳郡(7县)	7,500	——	
东海郡(12县)	11,100	——	
琅琊国(9县)	29,500	——	
东莞郡(8县)	10,000	——	
广陵郡(8县)	8,800	——	
临淮郡(10县)	10,000	——	
荆州 (郡国22县167)	357,548	——	按应作县170，户389,548。
江夏郡(7县)	24,000	——	
南郡(12县)	55,000	——	
襄阳郡(8县)	22,700	——	
南阳国(14县)	24,400	——	
顺阳郡(8县)	20,100	——	
义阳郡(12县)	19,000	——	
新城郡(4县)	15,200	——	

朝代及郡名	户数	口数	备考
魏兴郡(6 县)	12,000	—	
上庸郡(6 县)	11,448	—	
建平郡(8 县)	13,200	—	
宜都郡(3 县)	8,700	—	
南平郡(4 县)	7,000	—	
武陵郡(10 县)	14,000	—	
天门郡(5 县)	3,100	—	
长沙郡(10 县)	33,000	—	
衡阳郡(9 县)	21,000	—	
湘东郡(7 县)	19,500	—	
零陵郡(11 县)	25,100	—	
邵陵郡(6 县)	12,000	—	
桂阳郡(6 县)	11,300	—	
武昌郡(7 县)	14,800	—	
安成郡(7 县)	3,000	—	
扬州 (郡 18 县 173)	311,400	—	按应作县 174，户 310,400。
丹阳郡(11 县)	51,500	—	
宣城郡(11 县)	23,500	—	
淮南郡(16 县)	33,400	—	
庐江郡(10 县)	4,200	—	
毗陵郡(7 县)	12,000	—	
吴郡(11 县)	25,000	—	
吴兴郡(11 县)	24,000	—	
会稽郡(10 县)	30,000	—	

续表

朝代及郡名	户数	口数	备考
东阳郡(9县)	12,000	—	
新安郡(6县)	5,000	—	
临海郡(8县)	18,000	—	
建安郡(7县)	4,300	—	
晋安郡(8县)	4,300	—	
豫章郡(16县)	35,000	—	
临川郡(10县)	8,500	—	
鄱阳郡(8县)	6,100	—	
庐陵郡(10县)	12,200	—	
南康郡(5县)	1,400	—	
交州(郡7县53)	25,600	—	
合浦郡(6县)	2,000	—	
交趾郡(14县)	12,000	—	
新昌郡(6县)	3,000	—	
武平郡(7县)	5,000	—	
九真郡(7县)	3,000	—	
九德郡(8县)	—	—	
日南郡(5县)	600	—	
广州(郡10县68)	43,120	—	按应作户43,140。
南海郡(6县)	9,500	—	
临贺郡(6县)	2,500	—	
始安郡(7县)	6,000	—	
始兴郡(7县)	5,000	—	
苍梧郡(12县)	7,700	—	
郁林郡(9县)	6,000	—	

朝代及郡名	户数	口数	备考
桂林郡（8县）	2,000	—	
高凉郡（3县）	2,000	—	
高兴郡（5县）	1,220	—	
宁浦郡（5县）	1,220	—	
晋武帝太康元年（包括平吴者）	2,459,840	16,163,863	按《地理志》："太康元年平吴，大凡户 2,459,840，口 16,163,863。"又按《册府元龟》作户 22,459,840，口 16,163,863。疑第一（2）字为衍文。 又按《驹阴冗记》所载与《地理志》相同。
宋（南北朝）			
孝武帝大明八年	906,870	4,685,501	见杜佑《通典》，按应作户 902,901；口 5,159,238。
扬州刺史（郡10县80）	143,296	1,455,685	按应作户247,108；口1,605,694。
丹阳尹（8县）	41,010	237,341	按宋之户口数最为糅杂，其中舛误百出，无从计算。只得姑存，以待质疑。又各州中郡名多有重复。
会稽太守（10县）	52,228	348,014	
吴郡太守（12县）	50,488	424,812	
吴兴太守（10县）	49,609	316,173	
淮南太守（6县）	5,362	25,840	
宣城太守（10县）	10,120	47,992	
东阳太守（9县）	16,022	107,965	

续表

朝代及郡名	户数	口数	备考
临海太守(5县)	3,961	24,226	
永嘉太守(5县)	6,250	36,680	
新安太安(5县)	12,058	36,651	
南徐州刺史 (郡17县63)	72,472	420,640	按应作县70。又按应作户71,968;口418,078。
南东海太守(6县)	5,342	33,658	
南琅琊太守(2县)	2,789	18,697	
晋陵太守(6县)	15,382	80,113	
义兴太守(5县)	13,496	89,525	
南兰陵太守(2县)	1,593	10,634	
南东莞太守(3县)	1,424	9,854	
临淮太守(7县)	3,711	22,886	
淮陵太守(3县)	1,905	10,630	
南彭城太守 (12县)	11,758	68,163	
南诸阿太守(4县)	1,849	7,404	
南高平太守(3县)	1,718	9,731	
南平昌太守(4县)	2,178	11,741	
南济阴太守(4县)	1,655	8,193	
南濮阳太守(2县)	2,226	8,239	
南太山太守(3县)	2,499	13,600	
济阳太守(2县)	1,232	8,192	
南鲁郡太守(2县)	1,211	6,818	
徐州刺史 (郡12县34)	23,485	175,967	按应作郡14;县43;户38,916;口211,918。

朝代及郡名	户数	口数	备考
彭城太守(5县)	8,627	41,231	
沛郡太守(3县)	5,209	25,170	
下邳太守(3县)	3,099	16,088	
兰陵太守(3县)	3,164	14,597	
东海太守(2县)	2,411	13,941	
东莞太守(3县)	887	7,320	
东安太守(3县)	1,285	10,755	
琅琊太守(2县)	1,818	8,243	
淮阳太守(4县)	2,855	15,363	
阳平太守(3县)	1,725	13,330	
济阴太守(3县)	2,305	11,928	
北济阴太守(3县)	927	3,810	
钟离太守(3县)	3,272	17,832	
马头太守(3县)	1,332	12,310	平昌太守户口阙。
南兖州刺史 (郡9县39)	31,115	159,362	按应作户20,144;口124,934。
广陵太守(4县)	7,744	45,613	新平太守、北淮太守、北济阴太守、下邳太守、东莞太守户口俱阙,据上应作郡11。
海陵太守(6县)	3,626	21,660	
山阳太守(4县)	2,814	22,470	
盱贻太守(5县)	1,518	6,825	
秦郡太守(4县)	3,333	15,396	
南沛太守(3县)	1,109	12,970	

续表

朝代及郡名	户数	口数	备考
兖州刺史 (郡6县31)	29,340	145,581	按应作县33；口140,569。
泰山太守(8县)	8,177	45,581	
高平太守(6县)	6,358	21,112	
鲁郡太守(6县)	4,631	28,307	
东平太守(5县)	4,159	17,295	
阳平太守(5县)	2,857	11,271	
济北太守(3县)	3,158	17,003	
南豫州刺史 (郡13县61)	37,602	219,500	按应作郡19；户23,623；口150,402。
历阳太守(5县)	3,156	19,470	安丰太守、汝南太守、新蔡太守、东郡太守、南颍太守、颍川太守、西汝阴太守、汝阳太守、陈留太守、南陈左郡太守、光城左郡太守，户口俱缺。
南谯太守(6县)	4,432	22,358	
庐江太守(3县)	1,909	11,997	
南汝阴太守(5县)	2,701	19,585	
南梁太守(9县)	6,212	42,754	
晋熙太守(5县)	1,521	7,497	
弋阳太守(6县)	3,275	42,262	
边城左郡太守 (4县)	417	2,479	
豫州刺史 (郡10县43)	22,919	150,839	按应作县42；户22,211；口152,433。

86

续表

朝代及郡名	户数	口数	备考
汝南太守（11县）	11,291	89,349	
新蔡太守（4县）	2,774	19,880	
谯郡太守（6县）	1,424	7,404	
梁郡太守（2县）	968	5,500	
陈郡太守（4县）	693	4,113	
南顿太守（2县）	526	2,365	
颍川太守（3县）	649	2,579	
汝阳太守（2县）	941	4,495	
汝阴太守（4县）	2,749	14,335	
陈留太守（4县）	196	2,414	
江州刺史（郡9县65）	52,033	377,147	按应作郡10；县69。又按应作户53,763；口376,986。
寻阳太守（3县）	2,720	16,008	
豫章太守（12县）	16,139	122,573	
鄱阳太守（6县）	3,242	10,950	
临川内史（9县）	8,983	64,805	
庐陵太守（9县）	4,455	31,271	
安城太守（7县）	6,116	50,323	
南康公相（7县）	4,493	34,684	
南新蔡太守（4县）	1,730	8,848	
建安太守（7县）	3,042	17,686	
晋安太守（5县）	2,843	19,838	
青州刺史（郡9县46）	40,504	402,729	按应作县47；户39,057；口249,768。

续表

朝代及郡名	户数	口数	备考
齐郡太守(7县)	7,346	11,889	按齐郡之户数多于济南,而口数反少于济南,故恐原本有误。又县数不符。
济南太守(6县)	5,056	38,175	
乐安太守(3县)	2,259	14,991	
高密太守(6县)	2,304	13,802	
平昌太守(5县)	2,270	15,050	
北海太守(6县)	3,968	35,995	
东莱太守(7县)	10,131	75,149	
太原太守(3县)	2,757	24,694	
长广太守(4县)	2,966	20,023	
冀州刺史 (郡9县50)	38,076	181,001	按应作户30,686,口180,947。
广川太守(4县)	3,250	23,614	
平原太守(8县)	5,913	29,267	
清河太守(7县)	3,794	29,274	
乐陵太守(5县)	3,103	16,661	
魏郡太守(8县)	6,405	33,682	
河间太守(6县)	2,781	17,707	
顿丘太守(4县)	1,238	3,851	
高阳太守(5县)	2,297	14,725	
渤海太守(3县)	1,905	12,166	
司州刺史 (郡4县20)	18,675	66,677	按应作口66,681。
义阳太守(7县)	8,032	41,597	南汝南太守户口缺。

续表

朝代及郡名	户数	口数	备考
随阳太守(4县)	4,600	—	
安陆太守(2县)	6,043	25,084	
荆州刺史 (郡12县48)	65,604	—	按户应作 56,502；其口舍天门太守数缺不计外为 254,321。
南郡太守(6县)	14,544	75,087	
南平内史(4县)	12,392	45,049	
天门太守(4县)	3,195	—	
宜都太守(4县)	1,843	34,220	
巴东公相(7县)	13,795	45,237	
汶阳太守(3县)	958	4,914	
南义阳太守(2县)	1,607	9,741	
新兴太守(3县)	2,301	9,584	
南河东太守(4县)	2,423	10,487	
建平太守(7县)	1,329	10,814	
永宁太守(2县)	1,157	4,274	
武宁太守(2县)	958	4,914	
郢州刺史 (郡6县39)	29,469	158,587	按应作县 10。
江夏太守(7县)	5,072	23,810	
竟陵太守(6县)	8,591	44,375	
武陵太守(10县)	5,090	37,555	
巴陵太守(4县)	5,187	25,316	
武昌太守(3县)	2,546	11,411	
西阳太守(10县)	2,983	16,120	

朝代及郡名	户数	口数	备考
湘州刺史 （郡10县62）	45,089	357,572	按应作县66；又按应作户41,698；口356,571。
长沙内史(7县)	5,684	46,213	
衡阳内史(7县)	5,764	28,991	
桂阳太守(6县)	2,219	22,192	
零陵内史(7县)	3,828	64,828	
营阳太守(4县)	1,608	20,927	
湘东太守(5县)	1,396	17,450	
邵陵太守(7县)	1,916	25,565	
广兴公相(7县)	11,756	76,328	
临庆内史(9县)	3,715	31,587	
始建内史(7县)	3,830	22,490	
雍州刺史 （郡17县60）	38,975	167,467	按除去户口俱阙者。应作户37,149；口152,664。
襄阳公相(3县)	4,024	16,496	
南阳太守(7县)	4,727	38,132	
新野太守(5县)	4,235	14,793	
顺阳太守(7县)	4,163	23,163	
京兆太守(3县)	2,307	9,223	
始平太守(4县)	2,797	5,512	
扶风太守(3县)	2,157	7,290	
南上洛太守(2县)	144	477	
河南太守(5县)	3,541	13,477	
广平太守(4县)	2,627	6,293	
义成太守(2县)	1,521	5,101	

朝代及郡名	户数	口数	备考
冯翊太守(3县)	2,078	5,321	
南天水太守(4县)	687	3,122	
建昌太守(2县)	732	4,264	
华山太守(3县)	1,399	5,342	北河南太守、弘农太守,户口俱阙。
梁州刺史	—	—	梁州刺史户口俱阙。按应作郡18。县数无考,约为58。除去户口俱阙及口阙者,应作户15,445;口66,625。
汉中太守(4县)	1,786	10,334	魏兴太守、新兴太守,户口俱阙。
新城太守(6县)	1,668	7,594	
上庸太守(7县)	4,554	20,653	晋寿太守户口阙。
华阳太守(4县)	2,561	15,494	
新巴太守(3县)	393	2,749	北巴西太守户口阙。
北阴平太守(2县)	506	2,124	
南阴平太守(2县)	407	—	
巴渠太守(7县)	500	2,183	
怀安太守(2县)	407	2,366	
宋熙太守(5县)	1,385	3,128	
白水太守(6县)	605	—	
北上洛太守(7县)	254	—	南上洛太守户口阙。
怀汉太守(3县)	419	—	安康太守、南宕渠太守户口阙。

朝代及郡名	户数	口数	备考
泰州刺史 (郡14县42)	8,732	40,888	按除去北扶风太守应作户11,647；口51,209。
武都太守(3县)	1,274	6,140	
略阳太守(3县)	1,359	2,044	
安固太守(2县)	1,505	5,657	
西京兆太守(3县)	694	4,552	
南太原太守(1县)	233	1,156	
南安太守(2县)	620	3,089	
冯翊太守(5县)	1,490	6,854	
陇西太守(6县)	1,561	7,530	
始平太守(3县)	859	5,441	
金城太守(2县)	375	1,000	
安定太守(2县)	640	2,518	
天水太守(2县)	893	5,228	
西扶风太守(2县)	144	—	北扶风太守户口阙。此郡似应作县6。
益州刺史 (郡29县128)	53,141	248,293	按应作县122。又按户应作55,044；口以缺者不计外为247,145。
蜀郡太守(5县)	11,902	60,870	
广汉太守(6县)	4,586	27,149	
巴西太守(9县)	4,954	33,346	
梓潼太守(4县)	3,034	21,976	
巴郡太守(4县)	3,734	13,183	
遂宁太守(4县)	3,320	—	

续表

朝代及郡名	户数	口数	备考
江阳太守（4 县）	1, 315	5, 950	
怀宁太守（3 县）	1, 525	8, 027	
宁蜀太守（4 县）	1, 643	—	
越巂太守（8 县）	1, 349	—	
汶山太守（2 县）	1, 107	6, 105	
南阴平太守（2 县）	1, 240	7, 597	
犍为太守（5 县）	1, 090	4, 057	
始康太守（4 县）	1, 063	4, 226	
晋熙太守（2 县）	785	3, 925	
晋原太守（5 县）	1, 274	4, 960	
宋宁太守（3 县）	1, 036	8, 342	
安固太守（6 县）	2, 120	6, 557	
南汉中太守（5 县）	1, 084	5, 246	
北阴平太守（4 县）	1, 053	6, 764	
武都太守（5 县）	982	4, 401	
新城太守（2 县）	753	5, 971	
南新巴太守（6 县）	1, 070	2, 683	
南晋寿太守（5 县）	1, 057	1, 943	
宋兴太守（3 县）	496	3, 127	
南宕渠太守（3 县）	504	—	
天水太守（3 县）	461	—	
东江阳太守（2 县）	142	740	
沈黎太守（4 县）	65	—	
宁州刺史 （郡 15 县 81）	10, 253	—	按应作县 77。又按应作户 9, 907。

朝代及郡名	户数	口数	备考
建宁太守（13县）	2,562	—	
晋宁太守（7县）	637	—	
牂牁太守（6县）	1,970	—	
平蛮太守（2县）	245	—	
夜郎太守（4县）	288	—	
朱提太守（5县）	1,010	—	
建都太守（6县）	107	—	
西平太守（5县）	176	—	
西河太守（3县）	369	—	
东河阳太守（2县）	152	—	
云南太守（5县）	381	—	
兴宁太守（2县）	753	—	
兴古太守（6县）	386	—	
梁水太守（7县）	431	—	
南广太守（4县）	440	—	
广州刺史 （郡17县136）	49,726	206,694	按应作县138。又按应作户40,859；口188,364。
南海太守（10县）	8,574	49,157	
苍梧太守（11县）	6,593	11,753	
晋康太守（14县）	4,547	17,710	
新宁太守（14县）	2,653	10,514	
永平太守（7县）	1,609	17,202	
郁林太守（17县）	1,121	5,727	
桂林太守（7县）	558	2,305	
高凉太守（7县）	1,429	8,123	

续表

朝代及郡名	户数	口数	备考
新会太守(12县)	1,739	10,509	
东官太守(6县)	1,332	15,696	
义安太守(5县)	1,119	5,522	
宋康太守(9县)	1,513	9,131	
绥建太守(7县)	3,764	14,491	
海昌太守(5县)	1,724	4,074	
宋熙太守(7县)	2,084	6,450	
交州刺史 (郡8县53)	10,453	—	
交趾太守(12县)	4,233	—	
武平太守(6县)	1,490	—	
九真太守(12县)	2,328	—	
九德太守(11县)	809	—	
日南太守(7县)	402	—	义昌郡、宋平郡、越州刺史、百梁太守、陇苏太守、永宁太守、安昌太守、富昌太守、南流太守、临漳太守,户口俱阙。
合浦太守(7县)	938	—	
陈			
宣帝太建 年	600,000	—	见《隋书·地理志》。
后主祯明三年	500,000	2,000,000	见杜佑《通典》。
北魏			
孝庄帝永安 年	3,375,368	—	见《册府元龟》。
孝静帝武定 年	—	—	以下俱见《地理志》。按应作户2,024,143;口7,373,918。

朝代及郡名	户数	口数	备考
司州（郡 12 县 65）	371,675	1,459,835	按应作户371,674;口1,430,335。
魏尹（13 县）	122,613	438,024	
阳平郡（8 县）	47,444	162,075	
广平郡（6 县）	23,750	103,403	
汲郡（6 县）	29,883	102,997	
广宗郡（3 县）	13,262	55,897	
东郡（7 县）	30,521	107,717	
北广平郡（3 县）	16,691	91,148	
林虑郡（4 县）	13,821	52,372	
顿丘郡（4 县）	17,012	87,063	
濮阳郡（4 县）	18,664	55,512	
黎阳郡（3 县）	11,980	50,457	
清河郡（4 县）	26,033	123,670	
定州（郡 5 县 24）	177,501	834,274	按应作户177,500;口834,211。
中山郡（7 县）	52,592	255,241	
常山郡（7 县）	56,890	248,622	
钜鹿郡（3 县）	27,172	130,239	
博陵郡（4 县）	27,812	135,007	
北平郡（3 县）	13,034	65,102	
冀州（郡 4 县 21）	125,646	466,601	按口应作 496,602。
长乐郡（8 县）	35,683	143,145	
渤海郡（4 县）	37,972	140,482	
武邑郡（5 县）	29,775	144,579	
安德郡（4 县）	22,216	68,396	

续表

朝代及郡名	户数	口数	备考
并州（郡 5 县 26）	107,983	482,140	按应作户112,933；口472,740。
太原郡（10 县）	45,006	207,578	
上党郡（5 县）	25,937	104,475	
乡郡（4 县）	16,210	55,961	
乐平郡（3 县）	18,267	68,159	
襄垣郡（4 县）	7,513	36,567	
瀛州（郡 3 县 18）	105,549	451,542	按应作户105,149；口412,542。
高阳郡（9 县）	30,586	140,107	
章武郡（5 县）	38,754	162,870	
河间郡（4 县）	35,809	148,565	
殷州（郡 3 县 15）	77,943	357,016	按应作户77,942；口356,976。
赵郡（5 县）	31,899	148,314	
钜鹿郡（4 县）	13,997	58,549	
南赵郡（6 县）	32,046	150,113	
沧州（郡 3 县 12）	71,803	251,879	
浮阳郡（4 县）	26,880	98,458	
乐陵郡（4 县）	24,998	85,284	
安德郡（4 县）	19,925	68,137	
肆州（郡 3 县 11）	45,082	181,633	按应作户40,582；口 181,643。
永安郡（5 县）	22,748	104,185	
秀容郡（4 县）	11,506	47,024	
雁门郡（2 县）	6,328	30,434	
幽州（郡 3 县 18）	39,580	140,536	按口应作 140,936。
燕郡（5 县）	5,748	22,559	
范阳郡（7 县）	26,848	88,707	

续表

朝代及郡名	户数	口数	备考
渔阳郡(6县)	6,984	29,670	
晋州(郡12县31)	28,349	100,039	按应作户28,250;口103,100。
平阳郡(5县)	15,734	58,572	
北绛郡(2县)	1,740	6,292	
永安郡(2县)	2,932	10,540	
北五城郡(3县)	212	864	
定阳郡(3县)	498	1,941	
敷城郡(1县)	90	359	
河西郡(1县)	256	1,144	
五城郡(3县)	411	1,618	
西河郡(3县)	1,761	4,997	
冀氏郡(2县)	1,302	5,316	
南绛郡(2县)	836	2,991	
义宁郡(4县)	4,278	8,466	
怀州(郡2县8)	21,740	98,315	
河南郡(4县)	9,905	42,601	
武德郡(4县)	11,835	55,714	
建州(郡4县10)	18,904	75,300	
高都郡(2县)	6,499	27,635	
长平郡(2县)	5,412	22,778	
安平郡(2县)	5,658	19,557	
泰宁郡(4县)	1,335	5,330	
汾州(郡4县10)	6,826	31,210	
西河郡(3县)	5,388	25,388	
吐京郡(2县)	384	1,513	

续表

朝代及郡名	户数	口数	备考
五城郡(3县)	257	1,101	
定阳郡(2县)	797	3,208	
东雍州(郡3县8)	6,241	30,400	
邵郡(4县)	52	158	
高凉郡(2县)	4,445	21,853	
正平郡(2县)	1,744	8,389	
安州(郡3县8)	5,405	23,149	按应作户5,355。
密云郡(3县)	2,231	9,011	
广阳郡(3县)	2,001	8,919	
安乐郡(2县)	1,116	5,219	
义州(郡7县19)	3,428	16,764	按应作口23,065。
五城郡(3县)	2,100	17,069	
泰宁郡(3县)	228	1,127	
新安郡(3县)	394	1,595	
渑池郡(3县)	166	828	
恒农郡(3县)	93	543	
宜阳郡(3县)	169	686	
金门郡(1县)	278	1,217	
南汾州(郡9县18)	1,922	7,648	按应作户1,933。
北吐京郡(4县)	88	352	
西五城郡(3县)	247	1,118	
南吐京郡(1县)	32	72	
西定阳郡(1县)	42	140	
定阳郡(1县)	54	190	

续表

朝代及郡名	户数	口数	备考
北乡郡(2县)	209	759	
五城郡(2县)	214	884	
中阳郡(2县)	468	1,637	
龙门郡(2县)	578	2,496	
南营州 (郡5县11)	1,813	9,036	
昌黎郡(3县)	509	2,653	
辽东郡(2县)	565	2,634	
建德郡(2县)	178	814	
营丘郡(3县)	512	2,723	
乐良郡(1县)	49	203	
东燕州(郡3县6)	1,766	6,317	按应作口6,319。
平昌郡(2县)	450	1,713	
上谷郡(2县)	942	3,093	
遍城郡(2县)	374	1,513	
营州(郡6县14)	1,021	4,664	按应作户1,031。
昌黎郡(3县)	201	918	
建德郡(3县)	200	793	
辽东郡(2县)	131	855	
乐良郡(2县)	219	1,008	
冀阳郡(2县)	98	296	
营丘郡(2县)	182	794	
平州(郡2县5)	973	3,741	按户应作967。
辽西郡(3县)	537	1,905	
北平郡(2县)	430	1,836	

续表

朝代及郡名	户数	口数	备考
兖州(郡6县31)	88,032	266,791	按口应作266,691。
泰山郡(6县)	26,800	91,873	
鲁郡(6县)	15,160	47,229	
高平郡(4县)	11,124	25,896	
任城郡(3县)	8,050	21,789	
东平郡(7县)	20,752	61,810	
东阳平郡(5县)	6,146	18,094	
青州(郡7县37)	79,753	306,585	按口应作206,593。
齐郡(9县)	30,848	82,100	
北海郡(5县)	17,587	46,549	
乐安郡(4县)	5,916	13,239	
渤海郡(3县)	5,279	13,705	
高阳郡(5县)	6,322	17,667	
河间郡(6县)	5,830	14,818	
乐良郡(5县)	7,971	18,515	
齐郡(郡6县35)	77,378	269,662	按应作户77,391;口267,662。
东魏郡(9县)	19,130	73,570	
东平原郡(6县)	13,929	40,403	
东清河郡(7县)	6,810	22,574	
广川郡(3县)	3,945	11,472	
济南郡(6县)	20,017	68,820	
太原郡(4县)	13,560	50,823	
郑州(郡3县9)	62,173	274,242	
许昌郡(4县)	25,327	104,463	
颍川郡(3县)	22,044	105,909	

续表

朝代及郡名	户数	口数	备考
阳瞿郡（2县）	14,802	63,870	
济州（郡5县15）	53,214	145,284	按应作户53,152；口134,602。
济北郡（3县）	9,467	29,399	
平原郡（3县）	22,250	59,437	
东平郡（2县）	8,836	25,103	
南清河郡（3县）	10,135	13,985	
东济北郡（3县）	2,464	6,678	
光州（郡3县14）	45,776	160,950	按应作口165,949。
东莱郡（4县）	19,195	62,044	
长广郡（6县）	15,833	51,567	
东牟郡（4县）	10,748	47,338	
梁州（郡3县7）	43,819	182,903	按应作县10；又按应作户44,368。
阳夏郡（5县）	16,549	63,559	
开封郡（2县）	8,207	36,602	
陈留郡（3县）	19,612	82,742	
豫州（郡9县39）	41,172	96,916	按应作户41,170。
汝南郡（8县）	15,889	37,061	
颍川郡（3县）	8,396	20,640	
汝阳郡（3县）	7,254	15,245	
义阳郡（5县）	1,790	4,595	
新蔡郡（3县）	1,917	4,778	
新安郡（4县）	2,026	5,922	
襄城郡（3县）	1,446	4,063	
城阳郡（5县）	546	1,388	

朝代及郡名	户数	口数	备考
广陵郡（5县）	1,906	3,224	
北豫州 （郡3县12）	40,728	182,551	按应作口182,569。
广武郡（5县）	15,596	74,519	
荥阳郡（5县）	21,472	92,310	
成皋郡（2县）	3,660	15,740	
徐州（郡7县24）	37,812	108,787	按应作县23。又按应作口107,837。
彭城郡（6县）	6,339	23,841	
南阳平郡（3县）	3,071	6,358	
蕃郡（2县）	4,392	18,842	
沛郡（3县）	4,419	12,278	
荥陵郡（4县）	7,424	15,776	
北济阴郡（3县）	8,546	21,988	
砀郡（2县）	3,621	8,754	
西兖州（郡2县7）	37,407	103,894	
沛郡（3县）	7,571	20,314	
济阴郡（4县）	29,836	53,580	
南兖州 （郡7县21）	37,130	105,539	按应作口115,539。
陈留郡（5县）	6,230	16,749	
梁郡（2县）	10,359	25,995	
下蔡郡（4县）	3,362	7,973	
谯郡（3县）	5,132	12,991	
北梁郡（2县）	8,231	41,738	

续表

朝代及郡名	户数	口数	备考
沛郡(2县)	1,848	4,565	
马头郡(3县)	1,968	5,528	
广州(郡7县15)	28,696	96,780	按应作口96,750。
南阳郡(2县)	7,489	26,728	
顺阳郡(4县)	2,045	7,252	
定陵郡(3县)	3,690	8,756	
鲁阳郡(2县)	245	775	
汝南郡(2县)	783	2,344	
汉广郡(2县)	6,200	8,017	
襄城郡(2县)	8,244	42,878	
胶州(郡3县14)	26,562	60,382	
东武郡(3县)	8,617	18,757	
高密郡(5县)	7,505	16,153	
平昌郡(6县)	10,440	25,472	
洛州(郡6县12)	15,679	66,521	
洛阳郡(2县)	3,659	15,072	
河阴郡(1县)	2,767	14,715	
新安郡(3县)	490	1,911	
中川郡(2县)	2,078	8,225	
河南郡(1县)	3,642	14,715	
阳城郡(3县)	3,043	11,883	
南青州(郡3县9)	15,024	45,323	
东安郡(3县)	4,640	16,551	
东莞郡(3县)	9,620	26,506	
义塘郡(3县)	764	2,265	

续表

朝代及郡名	户数	口数	备考
北徐州(郡2县5)	14,781	40,125	按应作县4。
东泰山郡(2县)	5,007	16,381	
琅琊郡(2县)	9,774	23,744	
北扬州 (郡5县19)	9,845	32,139	按应作户9,849；口32,138。
陈郡(4县)	2,520	7,265	
南顿郡(4县)	3,024	7,669	
汝阴郡(3县)	1,794	8,499	
丹阳郡(4县)	2,144	7,931	
陈留郡(4县)	367	775	
东楚州 (郡6县20)	6,531	27,132	按应作户6,529；口27,192。
宿豫州(4县)	1,655	7,307	
高平郡(4县)	920	3,096	
淮阳郡(4县)	1,617	7,277	
晋宁郡(4县)	1,222	5,023	
安远郡(2县)	580	2,382	
临沭郡(2县)	535	2,107	
东徐州 (郡4县16)	6,281	30,665	按应作户6,701。
下邳郡(6县)	1,148	3,739	
武原郡(3县)	2,817	20,055	
郯郡(4县)	1,219	3,308	
临清郡(3县)	1,517	3,563	
海州(郡6县19)	4,878	22,210	按应作口23,010。

朝代及郡名	户数	口数	备考
东彭城郡(3县)	800	3,469	
东海郡(4县)	1,242	5,904	
海西郡(3县)	860	3,950	
沭阳郡(4县)	1,397	7,583	
琅琊郡(3县)	356	1,371	
武陵郡(2县)	223	733	
东豫州 (郡6县16)	3,099	11,021	按应作户3,102。
汝南郡(5县)	1,629	6,482	
东新蔡郡(4县)	247	677	
新蔡郡(2县)	465	1,513	
弋阳郡(1县)	137	533	
长陵郡(3县)	387	1,363	
阳安郡(2县)	22	131	
义州	215	322	郡县数均阙,且户口数太少。
颍州(郡20县40)	3,601	13,343	按应作户3,561。
汝阴郡 弋阳郡 (7县)	1,665	6,078	
北陈留郡 颍川郡 (5县)	351	1,272	
财丘郡 梁兴郡 (4县)	283	1,069	
西恒农郡 陈南郡 (3县)	231	864	

续表

朝代及郡名	户数	口数	备考
东郡 汝南郡（2县）	147	621	
清河郡 南阳郡（3县）	132	555	
东恒农郡（3县）	119	440	
新蔡郡 南陈留郡（1县）	257	1,242	
荥阳郡 北通郡（4县）	177	472	
汝南郡 太原郡（4县）	87	406	
新兴郡（4县）	112	324	
谯州（郡7县17）	2,617	7,821	按应作户2,616。
南谯郡（4县）	476	1,734	
汴郡（2县）	253	829	
龙元郡（2县）	333	1,066	
下蔡郡（2县）	324	706	
临渔郡（3县）	340	878	
蒙郡（2县）	709	2,062	
蕲城郡（2县）	181	546	
北荆州（郡3县8）	933	4,056	
伊阳郡（1县）	48	283	
新城郡（2县）	331	1,484	
汝北郡（5县）	554	2,289	
东梁州（郡3县4）	1,222	—	

朝代及郡名	户数	口数	备考
金城郡(1县)	286	—	
安康郡(1县)	618	—	
魏明郡(2县)	318	—	
凉州(郡10县20)	3,273	—	按户数应作3,245。
武安郡(1县)	373	—	
临杜郡(2县)	389	—	
建昌郡(3县)	657	—	
番和郡(2县)	139	—	
泉城郡(1县)	79	—	
武兴郡(3县)	385	—	
武威郡(2县)	304	—	
昌松郡(3县)	397	—	
东泾郡(1县)	191	—	
梁宁郡(2县)	331	—	
北华州(郡2县7)	11,597	—	按应作户14,596。
中部郡(4县)	8,924	—	
敷城郡(3县)	5,672	—	
北齐			
后主隆化二年	3,032,528	20,006,880	见杜佑《通典》。
北周			
宣帝大象 年	3,590,000	9,009,604	见杜佑《通典》。
隋			
高祖开皇二年	3,600,000	—	见《册府元龟》，按杜佑《通典》注作户3,999,640。
炀帝大业二年	8,907,536	46,019,056	见《册府元龟》。

续表

朝代及郡名	户数	口数	备考
大业五年	8,907,546	46,019,956	见《地理志》,以下并见《地理志》,按杜佑《通典》,隋大业中,户八百七十万。按《驹阴冗记》作户 8,907,536。又按以下实计应作户 9,068,795。
京兆尹(22 县)	308,499	—	
冯翊郡(8 县)	91,572	—	
扶风郡(9 县)	92,223	—	
安定郡(7 县)	76,281	—	
北地郡(6 县)	70,690	—	
上郡(5 县)	53,489	—	
雕阴郡(11 县)	36,018	—	
延安郡(11 县)	53,939	—	
弘化郡(7 县)	52,473	—	
平凉郡(5 县)	27,995	—	
朔方郡(3 县)	11,673	—	
盐川郡(1 县)	3,763	—	
灵武郡(6 县)	12,330	—	
榆林郡(3 县)	2,330	—	
五原郡(3 县)	2,330	—	
天水郡(6 县)	52,130	—	
陇西郡(5 县)	19,247	—	
金城郡(2 县)	6,818	—	
枹罕郡(4 县)	13,157	—	
浇河郡(2 县)	2,240	—	
西平郡(2 县)	3,118	—	

朝代及郡名	户数	口数	备考
武威郡（4县）	11,705	—	
张掖郡（3县）	6,126	—	
敦煌郡（3县）	7,779	—	
汉川郡（8县）	11,910	—	
西城郡（6县）	14,341	—	
房陵郡（4县）	7,106	—	
清化郡（14县）	16,539	—	
通川郡（7县）	12,624	—	
宕渠郡（6县）	14,035	—	
汉阳郡（3县）	10,985	—	
临洮郡（11县）	28,971	—	
宕昌郡（3县）	6,996	—	
武都郡（7县）	10,780	—	
同昌郡（8县）	12,248	—	
河池郡（4县）	11,202	—	
顺政郡（4县）	3,261	—	
义城郡（7县）	15,950	—	
平武郡（4县）	5,420	—	
汶山郡（11县）	24,159	—	
晋安郡（7县）	31,351	—	
金山郡（7县）	36,963	—	
新城郡（5县）	30,727	—	
巴西郡（10县）	41,064	—	
遂宁郡（3县）	12,622	—	
涪陵郡（3县）	9,921	—	

朝代及郡名	户数	口数	备考
巴郡(3 县)	14,423	——	
巴东郡(14 县)	21,370	——	
蜀郡(13 县)	105,586	——	
临邛郡(9 县)	23,348	——	
眉山郡(8 县)	23,799	——	
隆山郡(5 县)	11,046	——	
资阳郡(9 县)	25,722	——	
沪川郡(5 县)	1,802	——	
犍为郡(4 县)	4,859	——	
越嶲郡(6 县)	7,448	——	
牂牁郡(2 县)	——	——	户口俱缺。
黔安郡(2 县)	1,460	——	
河南郡(18 县)	202,230	——	
荥阳郡(11 县)	160,964	——	
渠郡(13 县)	155,477	——	
谯郡(6 县)	74,817	——	
济阴郡(9 县)	140,948	——	
襄城郡(8 县)	105,917	——	
颍川郡(14 县)	195,640	——	
汝南郡(11 县)	152,785	——	
淮阳郡(10 县)	127,104	——	
汝阴郡(5 县)	65,926	——	
上洛郡(5 县)	10,516	——	
弘农郡(4 县)	27,466	——	
淅阳郡(7 县)	37,250	——	

续表

朝代及郡名	户数	口数	备考
南阳郡(8县)	77,520	—	
淯阳郡(3县)	17,900	—	
淮安郡(7县)	46,840	—	
东郡(9县)	121,905	—	
东平郡(6县)	86,090	—	
济北郡(9县)	105,660	—	
武阳郡(14县)	213,035	—	
渤海郡(10县)	122,900	—	
平原郡(9县)	135,822	—	
信都郡(12县)	168,718	—	
清河郡(14县)	306,544	—	
魏郡(11县)	120,227	—	
汲郡(8县)	111,721	—	
河内郡(10县)	133,606	—	
长平郡(6县)	54,913	—	
上党郡(10县)	125,057	—	
河东郡(10县)	157,078	—	
绛郡(8县)	71,876	—	
文城郡(4县)	22,300	—	
临汾郡(7县)	71,874	—	
龙泉郡(5县)	25,830	—	
西河郡(6县)	67,351	—	
离石郡(5县)	24,081	—	
雁门郡(5县)	42,502	—	
马邑郡(4县)	4,674	—	

续表

朝代及郡名	户数	口数	备考
定襄郡（1县）	374	—	
楼烦郡（3县）	24,427	—	
太原郡（15县）	175,003	—	
襄国郡（7县）	105,873	—	
武安郡（8县）	118,595	—	
赵郡（11县）	148,156	—	
恒山郡（8县）	177,571	—	
博陵郡（10县）	102,817	—	
河间郡（13县）	173,883	—	
涿郡（9县）	84,059	—	
上谷郡（6县）	38,700	—	
渔阳郡（1县）	3,925	—	
北平郡（1县）	2,269	—	
安乐郡（2县）	7,599	—	
辽西郡（1县）	751	—	
北海郡（10县）	147,845	—	
齐郡（10县）	152,323	—	
东莱郡（9县）	90,351	—	
高密郡（7县）	71,920	—	
彭城郡（11县）	130,232	—	
鲁郡（10县）	124,019	—	
琅琊郡（7县）	63,423	—	
东海郡（5县）	27,858	—	
下邳郡（7县）	52,070	—	
江都郡（10县）	115,524	—	

续表

朝代及郡名	户数	口数	备考
钟离郡(4县)	35,015	—	
淮南郡(4县)	34,278	—	
弋阳郡(6县)	41,433	—	
蕲春郡(5县)	34,690	—	
庐江郡(7县)	41,632	—	
同安郡(5县)	21,776	—	
历阳郡(2县)	8,254	—	
丹阳郡(3县)	24,125	—	
宣城郡(6县)	19,979	—	
昆陵郡(4县)	17,599	—	
吴郡(5县)	18,377	—	
会稽郡(4县)	20,271	—	
余杭郡(6县)	15,380	—	
新安郡(3县)	6,164	—	
东阳郡(4县)	19,805	—	
永嘉郡(4县)	10,542	—	
建安郡(4县)	12,420	—	
遂安郡(3县)	7,347	—	
鄱阳郡(3县)	10,102	—	
临川郡(4县)	10,900	—	
庐陵郡(4县)	23,714	—	
南康郡(4县)	11,168	—	
宜春郡(3县)	10,116	—	
豫章郡(4县)	12,021	—	
南海郡(15县)	37,482	—	

续表

朝代及郡名	户数	口数	备考
龙川郡（5县）	6,420	—	
义安郡（5县）	2,066	—	
高凉郡（9县）	9,917	—	
信安郡（7县）	17,787	—	
永熙郡（6县）	14,319	—	
苍梧郡（4县）	4,578	—	
始安郡（5县）	54,517	—	
永平郡（11县）	34,049	—	
郁林郡（12县）	59,200	—	
合浦郡（11县）	28,690	—	
珠崖郡（10县）	19,500	—	
宁越郡（6县）	12,670	—	
交趾郡（9县）	30,056	—	
九真郡（7县）	16,135	—	
日南郡（8县）	9,915	—	
比景郡（4县）	1,815	—	
海阴郡（4县）	1,100	—	
林邑郡（4县）	1,220	—	
南郡（10县）	58,836	—	
夷陵郡（3县）	5,179	—	
竟陵郡（8县）	53,385	—	
沔阳郡（5县）	41,714	—	
沅陵郡（5县）	4,140	—	
清江郡（5县）	2,658	—	
襄阳郡（11县）	99,577	—	

朝代及郡名	户数	口数	备考
春陵郡(6县)	42,847	—	
汉东郡(8县)	47,192	—	
安陆郡(8县)	68,042	—	
永安郡(4县)	28,398	—	
义阳郡(5县)	45,930	—	
九江郡(2县)	7,617	—	
江夏郡(4县)	13,771	—	
澧阳郡(6县)	8,906	—	
巴陵郡(5县)	6,934	—	
长沙郡(4县)	14,275	—	
衡山郡(4县)	5,068	—	
桂阳郡(3县)	4,666	—	
零陵郡(5县)	6,845	—	
熙平郡(9县)	10,265	—	
武陵郡(8县)	3,416	—	
唐			
太宗贞观 年	3,000,000	—	见杜佑《通典》,疑应作贞观元年。
贞观十四年平高昌得	8,416	17,311	见杜佑《通典》。
高宗永徽三年	3,800,000	—	见杜佑《通典》。按《驹阴冗记》作"永徽中"。
总章二年移高丽户	28,200	—	见《旧唐书》本纪。
显庆五年平百济	7,600,000	—	同上
中宗神龙元年	6,156,141	—	见《旧唐书·苏环传》。

续表

朝代及郡名	户数	口数	备考
玄宗开元十四年	7,069,565	—	见《文献通考》。
又二十年	7,861,236	45,431,265	见《册府元龟》。
又二十二年	8,008,710	—	同上
又二十八年	8,412,871	48,143,609	以下并见《唐书·地理志》。又按数应作户 8,600,158；口 50,996,234。
京兆府京兆郡	362,921	1,960,188	
华州华阴郡	33,187	223,613	
同州冯翊郡	60,928	408,705	
商州上洛郡	8,926	53,080	
凤翔府扶风郡	58,486	380,463	
邠州新平郡	22,977	125,250	
陇州汧阳郡	24,652	100,148	
泾州保定郡	31,365	186,849	
原州平凉郡	7,349	33,146	
宁州彭原郡	37,121	224,837	
庆州顺化郡	23,949	124,236	
鄜州洛交郡	23,484	153,714	
坊州中部郡	22,458	120,208	
丹州咸宁郡	15,105	87,625	
延州延安郡	18,954	100,040	
灵州灵波郡	11,456	53,163	
会州会宁郡	4,594	26,660	
盐州五原郡	2,929	16,665	
夏州朔方郡	9,213	53,014	

续表

朝代及郡名	户数	口数	备考
绥州上郡	10,867	89,112	
银州银川郡	7,602	45,527	
宥州宁朔郡	7,083	32,652	
麟州新秦郡	2,428	10,903	
胜州榆林郡	4,187	20,952	
丰州九原郡	2,813	9,641	
单于大都护府（本云中都护府）	2,155	6,877	
安北大州护府（本燕然都护府）	2,006	7,498	
河南府河南郡	194,746	1,183,092	
汝州临汝郡	69,374	273,756	
陕州陕郡	30,958	170,238	
虢州弘农郡	28,249	88,845	
滑州灵昌郡	71,983	422,709	
郑州荥阳郡	76,694	367,881	
颍州汝阴郡	30,707	202,890	
许州颍川郡	73,347	487,864	
陈州淮阳郡	66,442	402,486	
蔡州汝南郡	87,061	460,205	
汴州陈留郡	109,876	577,507	
宋州睢阳郡	124,268	897,041	
亳州谯郡	88,960	675,121	
徐州彭城郡	65,170	478,676	
泗州临淮郡	37,526	205,959	

朝代及郡名	户数	口数	备考
濠州钟离郡	21, 864	138, 361	
郓州东平郡	83, 048	501, 509	
齐州济南郡	62, 485	365, 972	
曹州济阴郡	100, 352	716, 848	
濮州濮阳郡	57, 782	400, 648	
青州北海郡	73, 148	402, 704	
淄州淄川郡	42, 737	233, 821	
登州东牟郡	22, 298	108, 009	
莱州东莱郡	36, 998	171, 516	
棣州乐安郡	39, 150	238, 159	
兖州鲁郡	87, 987	580, 608	
海州东海郡	28, 549	184, 009	
沂州琅琊郡	33, 510	195, 737	
密州高密郡	28, 292	146, 524	
河中府河东郡	70, 800	469, 213	
晋州平阳郡	64, 836	429, 221	
绛州绛郡	82, 204	517, 331	
慈州文城郡	11, 616	62, 486	
隰州太宁郡	19, 455	124, 420	
太原府太原郡	128, 905	778, 278	
汾州西河郡	59, 450	320, 230	
沁州阳城郡	6, 308	34, 963	
辽州乐平郡	9, 882	54, 580	
岚州楼烦郡	16, 748	84, 006	
石州昌化郡	14, 294	66, 935	

续表

朝代及郡名	户数	口数	备考
忻州定襄郡	14,806	82,032	
代州雁门郡	21,280	100,356	
云州云中郡	3,169	7,930	
朔州马邑郡	5,493	24,533	
蔚州兴唐郡	5,052	20,953	
潞州上党郡	68,391	388,661	
泽州高平郡	27,822	157,090	
怀州河内郡	55,349	318,126	
魏州魏郡	151,596	1,109,873	
博州博平郡	52,681	408,252	
相州邺郡	101,142	590,196	
卫州汲郡	48,056	284,630	
贝州清河郡	100,015	834,757	
邢州钜鹿郡	70,189	382,798	
洺州广平郡	91,666	683,280	
镇州常山郡	54,633	342,134	
冀州信都郡	113,885	830,520	
深州饶阳郡	18,825	346,472	
赵州赵郡	63,454	395,238	
沧州景城郡	124,024	825,705	
德州平原郡	83,211	659,855	
定州博陵郡	78,090	496,676	
易州上谷郡	44,230	258,779	
幽州范阳郡	67,242	371,312	
瀛州河间郡	98,018	663,171	

续表

朝代及郡名	户数	口数	备考
莫州文安郡	53,493	339,972	
平州北平郡	3,113	25,086	
妫州妫川郡	2,263	11,584	
檀州密云郡	6,064	30,246	
蓟州渔阳郡	5,317	18,521	
营州柳城郡	997	3,789	
江陵府江陵郡	30,392	148,149	
峡州夷陵郡	8,098	45,606	
归州巴东郡	4,645	23,417	
夔州云安郡	16,620	75,000	
澧州澧阳郡	19,620	93,349	
朗州武陵郡	9,306	43,760	
忠州南宾郡	6,722	43,026	
涪州涪陵郡	9,400	44,722	
万州南浦郡	5,179	25,746	
襄州襄阳郡	47,780	252,001	
泌州淮安郡	42,643	182,364	
隋州汉东郡	23,917	105,722	
邓州南阳郡	43,055	165,257	
均州武当郡	9,698	50,809	
房州房陵郡	14,422	71,708	
复州竟陵郡	8,210	44,885	
郢州富水郡	12,046	57,375	
金州汉阴郡	14,091	57,929	
兴元府汉中郡	37,470	153,717	

朝代及郡名	户数	口数	备考
洋州洋川郡	23,849	88,327	
利州益昌郡	13,910	44,600	
凤州河池郡	5,918	27,877	
兴州顺政郡	3,224	11,046	
成州同谷郡	4,727	21,508	
文州阴平郡	1,908	9,205	
扶州同昌郡	2,418	14,285	
集州符阳郡	4,353	25,726	
璧州始宁郡	12,368	54,757	
巴州清化郡	30,210	91,057	
蓬州蓬山郡	15,576	53,353	
通州通川郡	40,743	110,804	
开州盛山郡	5,660	30,421	
阆州阆中郡	29,588	132,192	
果州南充郡	33,600①	89,225	
渠州潾山郡	9,957	26,524	
秦州天水郡	24,827	109,740	
河州安昌郡	5,782	36,086	
渭州陇西郡	6,425	24,520	
鄯州西平郡	5,389	27,019	
兰州金城郡	2,889	14,226	
阶州武都郡	2,923	15,313	
洮州临洮郡	2,700	15,060	

① 考《新唐书》为 33,604。——编者注

122

续表

朝代及郡名	户数	口数	备考
岷州和政郡	4,325	23,441	
廓州宁塞郡	4,261	24,400	
叠州合川郡	1,275	7,674	
宕州怀道郡	1,190	7,199	
凉州武怀郡	22,462	110,281	
沙州敦煌郡	4,265	16,250	
瓜州晋昌郡	477	4,987	
甘州张掖郡	6,284	22,092	
萧州酒泉郡	2,230	8,476	
伊州伊吾郡	2,467	10,157	
西州交河郡	19,016	49,476	
北庭大都护府	2,226	9,964	
扬州广陵郡	77,105	467,857	
楚州淮阴郡	26,062	153,000	
滁州永阳郡	26,486	152,374	
和州历阳郡	24,794	122,013	
寿州寿春郡	35,581	187,587	
庐州庐江郡	43,323	205,396	
舒州同安郡	35,353	186,398	
光州弋阳郡	31,473	198,580	
蕲州蕲春郡	26,809	183,849	
安州安陆郡	22,221	171,202	
黄州齐安郡	15,512	96,368	
申州义阳郡	25,864	147,756	
润州丹阳郡	102,023	662,706	

朝代及郡名	户数	口数	备考
常州晋陵郡	102,633	690,673	
苏州吴郡	76,421	632,650	
湖州吴兴郡	73,306	477,698	
杭州余杭郡	86,258	585,963	
睦州新定郡	54,961	382,563	
越州会稽郡	90,279	529,589	
明州余姚郡	42,207	207,032	
衢州信安郡	68,472	440,411	
区州缙云郡	42,936	258,248	
婺州东阳郡	144,086	707,752	
温州永嘉郡	42,874	141,690	
台州临海郡	83,868	489,015	
福州长乐郡	34,084	75,876	
建州建安郡	22,770	142,774	
泉州清源郡	23,806	160,295	
汀州临汀郡	4,680	13,702	
漳州漳浦郡	5,846	17,940	
宣州宣城郡	121,204	884,985	
歙州新安郡	38,320	249,109	
洪州豫章郡	55,530	353,231	
江州浔阳郡	19,025	105,744	
鄂州江夏郡	19,190	84,563	
岳州巴陵郡	11,740	50,298	
饶州鄱阳郡	40,899	244,350	
虔州南康郡	37,647	275,410	

续表

朝代及郡名	户数	口数	备考
吉州庐陵郡	37,752	337,032	
袁州宜春郡	27,093	144,096	
抚州临川郡	30,601	176,394	
潭州长沙郡	32,272	192,657	
衡州衡阳郡	33,688	199,228	
永州零陵郡	27,494	176,168	
道州江华郡	22,551	139,063	
郴州桂阳郡	33,175	——	口阙
邵州邵阳郡	17,073	71,644	
黔州黔中郡	4,270	24,204	
辰州卢溪郡	4,241	28,554	
锦州卢阳郡	2,872	14,374	
施州清化郡	3,702	16,444	
叙州潭阳郡	5,368	22,738	
奖州龙溪郡	1,672	7,284	
夷州义泉郡	1,284	7,013	
播州播川郡	490	2,168	
思州宁夷郡	1,599	12,021	
费州涪川郡	429	2,609	
南州南川郡	443	2,034	
溪州灵溪郡	2,784	15,282	
溱州溱溪郡	879	5,045	
成都府蜀郡	160,950	928,199	
彭州濛阳郡	55,922	357,387	

续表

朝代及郡名	户数	口数	备考
蜀州唐安郡	56, 577	390, 694	
汉州德阳郡	69, 005	308, 203	
嘉州犍为郡	34, 289	99, 592	
眉州通义郡	43, 529	175, 256	
邛州临邛郡	42, 107	190, 327	
简州阳安郡	23, 066	143, 109	
资州资阳郡	29, 635	104, 775	
巂州越巂郡	40, 721	175, 280	
雅州卢山郡	10, 892	54, 019	
黎州洪源郡	1, 731	7, 670	
茂州通化郡	2, 510	15, 242	
翼州临翼郡	711	3, 678	
维州维川郡	2, 142	3, 198	
戎州南溪郡	4, 359	79, 375	
姚州云南郡	3, 700	—	口阙
松州交川郡	1, 076	5, 742	
当州江源郡	2, 146	6, 773	
悉州归诚郡	876	3, 914	
静州静川郡	1, 577	6, 669	
柘州蓬山郡	495	2, 220	
恭州恭化郡	1, 189	6, 223	
保州天保郡	1, 245	4, 536	
真州昭德郡	676	3, 147	

续表

朝代及郡名	户数	口数	备考
霸州静戎郡	571	1,861	
梓州梓潼郡	67,824①	246,652	
遂州遂宁郡	35,632	107,716	
绵州巴西郡	65,066	263,352	
剑州晋安郡	23,510	100,450	
合州巴川郡	66,814	77,220	
龙州应灵县	2,992	4,228	
普州安岳郡	25,693	74,692	
渝州南平郡	6,995	27,685	
陵州仁寿郡	34,728	100,128	
荣州和义郡	5,693	18,024	
沪州沪川郡	16,594	65,711	
广州南海郡	42,235	221,500	
韶州始兴郡	37,000②	168,938③	
循州海丰郡	9,525	—	口阙
潮州潮阳郡	4,420	26,745	
康州晋康郡	10,570④	17,219	
泷州开阳郡	3,627	9,439	
端州高要郡	9,500	21,120	
新州新兴郡	9,500	—	口阙

① 考《新唐书》为61,824。——编者注
② 考《新唐书》为3,100。——编者注
③ 考《新唐书》为168,948。——编者注
④ 考《新唐书》为10,510。——编者注

朝代及郡名	户数	口数	备考
封州临封郡	3,900	11,827	
潘州南潘郡	4,300	8,967	
春州南陵郡	11,218	—	口阙
勤州云淳郡	682	1,933	
罗州招义郡	5,460	8,041	
辩州陵水郡	4,858	16,209	
高州高凉郡	12,400	—	口阙
恩州恩平郡	9,000	—	同上
雷州海康郡	4,320	20,572	
崖州珠崖郡	819	—	同上
琼州琼山郡	649	—	同上
振州延德郡	819	2,821	
儋州昌化郡	3,309	—	同上
万安州万安郡	2,997	—	同上
邕州朗邑郡	2,893	7,302	
澄州贺水郡	1,368	8,580	
宾州岭方郡	1,976	8,580	
横州宁浦郡	1,978	8,342	
浔州浔江郡	2,500	6,836	
峦州永定郡	770	3,803	
钦州宁越郡	2,700	10,146	
贵州怀泽郡	3,026	9,300	
龚州临江郡	9,000	21,000	
象州象郡	5,500	10,890	
藤州感义郡	3,980	—	口阙

续表

朝代及郡名	户数	口数	备考
岩州常乐郡	1,110	—	同上
宜州龙水郡	1,220	3,230	
让州临潭郡	1,666	—	同上
笼州扶南郡	3,667	—	同上
田州横山郡	4,168	—	同上
桂州始安郡	17,500	71,018	
梧州苍梧郡	1,209	—	口阙
贺州临贺郡	4,552	20,570	
连州连山郡	32,210	143,523	
柳州龙城郡	2,232	11,550	
富州开江郡	1,460	8,586	
昭州平乐郡	4,918	12,691	
蒙州蒙山郡	1,059	5,933	
严州循德郡	1,859	7,051	
融州融水郡	1,232	—	口阙
思唐州武郎郡	141	—	同上
古州乐兴郡	285	—	同上
容州晋宁郡	4,970	17,085	
牢州定川郡	1,641	11,756	
白州南昌郡	2,574	9,498	
顺州顺义郡	509	—	口阙
绣州常林郡	9,773	—	同上
郁州郁林郡	1,918	9,699	
党州宁仁郡	1,149	7,404	
窦州怀德郡	1,019	7,339	

朝代及郡名	户数	口数	备考
禺州温水郡	3,180	—	同上
廉州合浦郡	3,032	13,029	
义州连城郡	1,110	7,303	
安南中都护府	24,230	99,652	
陆州玉山郡	494	2,674	
峰州承化郡	1,920	—	口阙
爱州九真郡	14,700	—	同上
骥州日南郡	9,619	50,818	
长州文杨郡	648	—	同上
福禄州唐林郡	317	—	同上
芝州忻城郡	1,200	5,300	
武峨州武峨郡	1,850	5,320	
演州龙池郡	1,450	—	同上
武安州武曲郡	450		
玄宗天宝元年	8,348,395	45,311,272	见《册府元龟》。
天宝十三年	9,069,154	—	见《文献通考》。
天宝十四年	8,914,709	52,919,309	见杜佑《通典》。按《驹阴冗记》："天宝中户8,914,709；口52,919,309。此唐之极盛也。"实则唐之极盛当为天宝十三年。时安史之乱犹未萌也。
肃宗至德元载	8,018,701	—	见《文献通考》。
乾元三年	1,933,124	16,990,386	见《食货志》及《文献通考》。又见杜佑《通典》，惟户作1,933,134。

续表

朝代及郡名	户数	口数	备考
代宗广德二年	2,933,125	—	见《册府元龟》及《文献通考》。
大历　年	1,300,000	—	见《驹阴冗记》。
德宗建中元年	3,805,076	—	见《文献通考》。
宪宗元和二年（见定户）	2,140,554	—	见《册府元龟》。
元和二年（供岁赋户）	1,440,000	—	见《食货志》。
穆宗长庆　年	3,350,000	—	见同上
敬宗宝历　年	3,978,983	—	见《文献通考》。
文宗太和　年	4,357,573	—	见《册府元龟》。
开成四年	4,996,753	—	见《文献通考》。
武宗会昌元年	2,114,960	—	见《食货志》。
会昌五年	奴婢两税户 150,000 还俗僧尼 265,000		见《册府元龟》。
会昌六年	4,955,151	—	见《食货志》。
宋			
太祖建隆元年	967,353	—	见《地理志》。
又四年(取荆南得)	142,300	—	同上
又四年(取湖南得)	97,388	—	同上
乾德三年(平蜀得)	534,039	—	同上
开宝四年（平广南得）	170,263	—	同上
又八年(平江南得)	655,060	—	同上
又九年	3,090,504	—	同上。又见《驹阴冗记》。

续表

朝代及郡名	户数	口数	备考
太宗太平兴国元年（陈洪献）	151,978	兵 18,727	见《宋史·太宗本纪》。
又（钱镠献）	550,680	兵 105,036	同上
又四年（北汉平）	35,220	—	同上
太宗至道三年（天下主客户）	4,132,576	—	见《文献通考》。口阙。
真宗大中祥符七年（天下主客户）	9,055,729	21,976,965	见《宋史·真宗本纪》。又按《驹阴冗记》："真宗时户7,417,507；口 16,280,25。"疑误。
天禧五年	8,677,677	19,930,320	见《文献通考》。
仁宗天圣七年	10,162,689	26,054,238	同上
庆历八年	10,723,695	21,830,064	同上
嘉佑八年	12,462,317	26,421,651	同上
英宗治平三年	14,181,486	20,506,980	见《地理志》。
	12,917,221	29,092,185	见《文献通考》。
神宗熙宁八年	15,684,529	23,807,165	同上
又十年	14,245,270	30,807,211	见《地理志》
元丰三年	14,852,684	口 33,303,889 丁 17,846,873	见元丰三年检正中书户房公事，毕仲衍经进中书备对。又按应作户 14,832,684；口 32,853,889；丁 16,746,873。
东京开封府	主客 171,324	主 {口 265,012 丁 212,403 客 85,180	按开封府无客户，而有客口。殊不可解。

续表

朝代及郡名	户数	口数		备考
京东路	主 817,983	主	口 1,560,903 丁 957,554	
	客 552,817	客	口 885,774 丁 565,693	
京西路	主 383,226 客 557,936	主户 客合	口 705,687 丁 914,108	按《图书集成》，此语客户丁口俱佚。今为照总数拆算。然客户似不应多于主户，姑存之，以待参考。（再丁口较多亦奇。）
河北路	主 765,130	主	口 1,473,683 丁 773,891	
	客 219,065	客	口 407,501 丁 205,467	
陕府西路	主 697,967	主	口 2,015,436 丁 1,067,936	
	客 264,351	客	口 746,368 丁 425,651	
河东路	主 383,148	主	口 752,301 丁 372,390	
	客 57,721	客	口 138,358 丁 77,462	
淮南路	主 723,784	主	口 丁 } 1,393,555	
	客 355,270	客	口 丁 } 637,326	

续表

朝代及郡名	户数	口数	备考
两浙路	主 1,446,406	主 { 口 2,605,484 / 丁 1,629,532	
	客 383,690	客 { 口 618,215 / 丁 298,027	
江南东路	主 902,261	主 { 口 1,609,612 / 丁 1,019,134	
	客 171,499	客 { 口 289,849 / 丁 186,027	
江南西路	主 871,720	主 { 口 2,010,646 / 丁 884,329	
	客 439,813	客 { 口 1,065,201 / 丁 380,798	
荆湖南路	主 456,431	主 { 口 1,153,872 / 丁 622,933	
	客 354,626	客 { 口 674,258 / 丁 322,546	
荆湖北路	主 350,593	主 { 口 702,356 / 丁 285,526	
	客 236,709	客 { 口 509,644 / 丁 207,624	
福建路	主 645,267	主 { 口 1,368,594 / 丁 790,719	
	客 346,820	客 { 口 674,438 / 丁 560,230	

续表

朝代及郡名	户数	口数	备考
成都府路	主 574,903	主 { 口 2,789,225 / 丁 685,020	
	客 196,903	客 { 口 864,523 / 丁 270,724	
梓州路	主 261,585	主 { 口 885,501 / 丁 375,669	按此路无客户，而客之丁口皆有。殊不可解。
	客一	客 { 口 528,214 / 丁 305,529	
利州路	主 179,835	主 { 口 402,874 / 丁 195,387	
	客 122,156	客 { 口 245,992 / 丁 144,591	
夔州路	主 68,375	主 { 口 215,595 / 丁 149,070	同梓州路。
	客一	客 { 口 252,472 / 丁 171,017	
广南东路	主 347,459	主 { 口 812,147 / 丁 735,747	
	客 218,075	客 { 口 322,512 / 丁 262,059	
广南西路	主 163,418	主 { 口 584,641 / 丁 273,674	
	客 78,691	客 { 口 470,946 / 丁 419,316	

续表

朝代及郡名	户数	口数	备考
神宗元丰八年（天下主客户）	17,211,713	24,969,300	见《文献通考》。又见《驹阴冗记》。
哲宗元佑元年（天下主客户）	17,957,092	?,472,606	见《地理志》。
又三年	（主户）2,134,733 （客户）6,154,652	28,533,934 3,629,083	见《宋史·哲宗本纪》。
又六年	18,655,093	41,492,311	见《文献通考》。
绍圣元年	19,120,921	42,566,143	见《地理志》。
又四年	（主户）13,068,741 （客户）6,366,829	30,344,274 3,067,332	见《宋史·哲宗本纪》。
元符二年	19,715,555	43,411,606	见《文献通考》。
元符三年	19,960,812	44,914,991	见《地理志》。
徽宗崇宁元年	20,264,307	45,324,154	此以下并见《地理志》。惟各府州下户口与总数少异，姑两存之。
开封府	261,117	442,940	按总数应作户16,308,566；口35,700,383。
青州	95,158	162,837	按《文献通考》："崇宁元年，天下主客户共三十万三千四百九十五；口四十万九千一百六十三。增入元符数，计户二千零一万九千五十，口四千三百八十二万七百六十九。"
密州	144,567	327,340	
济南府	133,321	214,067	

续表

朝代及郡名	户数	口数	备考
沂州	82,893	165,230	
登州	81,273	173,484	
莱州	97,427	198,908	
潍州	44,677	109,549	
淄州	61,152	96,110	
淮阳军	76,887	154,130	
应天府	79,741	157,404	
袭庆府	71,777	317,734	
徐州	64,430	152,237	
兴仁府	35,980	68,931	
东平府	130,205	396,063	
济州	50,718	159,137	
单州	61,409	116,969	
濮州	31,747	52,681	
襄阳府	87,307	192,605	
邓州	114,117	297,550	
随州	30,804	67,021	
金州	39,636	65,674	
房州	33,151	47,941	
均州	30,107	44,796	
郢州	47,281	78,727	
唐州	89,955	202,172	
河南府	127,767	233,820	
颖昌府	66,041	160,193	
郑州	30,976	41,848	

续表

朝代及郡名	户数	口数	备考
滑州	26,522	81,988	
孟州	33,481	70,169	
蔡州	98,502	185,013	
淮宁府	33,094	159,617	
顺昌府	78,174	160,628	
汝州	41,587	141,495	
信阳军	9,954	20,050	
大名府魏郡	155,253	568,976	
开德府	31,878	82,826	
沧州	65,851	118,218	
冀州	66,244	101,030	
河间府	11,930	60,206	
博州	46,493	91,323	
棣州	39,137	57,234	
莫州	14,560	31,992	
雄州	13,013	52,967	
霸州	15,918	21,516	
德州	44,591	82,025	
滨州	49,991	114,984	
恩州	51,342	85,986	
永静军	34,193	39,022	
清州	6,619	12,078	
信安军	715	1,437	
保定军	1,029	2,484	
真定府	92,353	163,197	

续表

朝代及郡名	户数	口数	备考
相州	36,340	71,635	
中山府	65,935	186,305	
信德府	53,613	95,552	
濬州	3,176	3,202	
怀州	32,311	88,185	
卫州	23,204	46,365	
洺州	38,817	73,600	
深州	38,036	83,710	
磁州	36,491	96,922	
祁州	24,484	49,975	
庆源府	34,141	60,137	
保州	27,456	230,234	
安肃军	7,197	14,751	
广信军	4,445	8,738	
顺安军	8,605	16,578	
太原府	155,263	1,241,768	
隆德府	52,997	130,146	
平阳府	75,908	185,254	
绛州	59,903	94,237	
泽州	44,133	91,852	
代州	33,258	159,857	
忻州	18,186	42,232	
汾州	51,697	185,698	
辽州	7,315	—	口阙
宪州	2,722	7,444	

朝代及郡名	户数	口数	备考
岚州	13,269	66,224	
石州	15,809	72,929	
隰州	38,284	138,439	
麟州	3,482	8,684	
府州	1,242	3,185	
丰州	153	411	
威胜军	19,962	37,726	
平定军	9,306	28,607	
苛岚军①	2,917	6,720	
宁化军	1,718	3,821	
火山军	5,045	9,480	
保德军	963	4,050	
京兆府	234,699	537,288	
河中府	79,964	227,030	
解州	32,356	113,321	
陕州	47,806	135,701	
商州	73,129	162,524	
虢州	22,490	47,563	
同州	81,011	233,965	
华州	94,750	269,380	
耀州	102,667	347,535	
延安府	50,926	169,216	
鄜州	35,401	92,415	

———————————

① 疑为"岢岚军"。——编者注

朝代及郡名	户数	口数	备考
坊州	13, 408	40, 191	
保安军	2, 042	6, 931	
庆阳府	27, 853	96, 433	
环州	7, 183	15, 532	
邠州	58, 255	162, 161	
宁州	37, 558	122, 041	
秦州	48, 648	123, 022	
凤翔府	143, 374	322, 378	
陇州	28, 370	89, 750	
成州	12, 964	33, 995	
凤州	37, 796	61, 145	
阶州	20, 674	49, 520	
渭州	26, 584	63, 512	
泾州	28, 411	88, 699	
原州	23, 036	63, 499	
德顺军	29, 269	126, 241	
镇戎军	1, 961	8, 057	
熙州	1, 893	5, 254	
河州	1, 061	3, 895	
巩州	4, 878	11, 857	
岷州	40, 570	67, 731	
兰州	395	981	
临安府	203, 574	296, 615	
绍兴府	279, 306	367, 390	
平江府	152, 821	448, 312	

朝代及郡名	户数	口数	备考
镇江府	63,657	164,566	
湖州	162,335	361,698	
婺州	134,080	261,678	
庆元府	116,140	220,017	
常州	165,116	246,909	
瑞安府	119,640	162,710	
台州	156,792	351,955	
处州	108,523	160,536	
衢州	107,903	288,858	
建德府	82,341	107,521	
嘉兴	122,813	228,676	
扬州	56,485	107,579	
亳州	130,119	183,581	
宿州	91,483	167,379	
楚州	78,549	207,202	
海州	54,830	99,750	
泰州	56,972	117,274	
泗州	63,632	157,351	
滁州	40,026	97,089	
真州	24,242	82,043	
通州	27,527	43,189	
高邮军	20,813	38,751	
安东州	19,579	40,785	
寿春府	126,383	246,381	
六安军	83,056	178,359	

续表

朝代及郡名	户数	口数	备考
靳州	114, 097	193, 116	
和州	34, 104	66, 371	
安庆府	128, 350	341, 866	
濠州	64, 570	153, 457	
光州	12, 268	156, 460	
黄州	86, 953	135, 916	
无为军	60, 138	112, 199	
江宁府	120, 713	200, 276	
宁国府	147, 040	470, 749	
徽州	108, 316	167, 896	
池州	135, 059	206, 932	
饶州	181, 300	336, 845	
信州	154, 364	334, 097	
太平州	53, 261	80, 137	
南康军	70, 615	112, 343	
广德军	41, 500	100, 722	
隆兴府	261, 105	532, 446	
江州	84, 569	138, 590	
赣州	272, 432	702, 127	
吉州	335, 710	957, 256	
袁州	132, 299	324, 353	
抚州	161, 480	373, 652	
瑞州	111, 421	204, 564	
兴国军	63, 422	105, 356	
南安军	37, 721	55, 582	

朝代及郡名	户数	口数	备考
临江军	91,699	202,656	
建昌军	112,887	185,036	
江陵府	85,800	223,284	
鄂州	96,769	140,767	
德安府	59,186	143,892	
常德府	58,297	130,865	
澧州	81,673	236,921	
峡州	40,980	116,400	
岳州	97,791	128,450	
归州	21,058	52,147	
辰州	10,730	23,350	
沅州	9,659	19,157	
靖州	18,692	—	口阙
潭州	439,988	962,853	
衡州	168,095	308,253	
道州	41,535	86,553	
永州	89,387	243,322	
郴州	39,392	138,599	
宝庆府	98,861	218,160	
全州	34,663	106,432	
桂阳军	40,476	119,561	
漳州漳浦郡	100,469	—	同上
福州长乐郡	211,552	—	同上
建宁府建安郡	196,566	—	同上
泉州清源郡	201,406	—	同上

续表

朝代及郡名	户数	口数	备考
南剑州剑浦郡	119,561	—	同上
汀州临汀郡	81,454	—	同上
邵武军	87,594	—	同上
兴化军	63,158	—	同上
成都府	182,090	589,930	
眉州通义郡	72,809	192,384	
崇庆府	67,835	273,050	
彭州濛阳郡	57,524	—	口阙
绵州巴西郡	122,915	230,409	
汉州德阳郡	120,900	527,252	
嘉定府	71,652	210,472	
邛州临邛府	79,379	193,032	
简州阳安府	41,888	95,619	
黎州汉源府	2,722	9,080	
雅州卢山府	27,464	62,378	
茂州通化府	568	1,377	
威州维川府	2,020	3,013	
仙井鉴府	32,853	104,545	
潼州府	109,609	447,565	
遂宁府	49,132	102,555	
顺庆府	55,493	130,313	
资州资阳郡	32,287	47,219	
普州安岳郡	32,118	73,221	
昌州昌元郡	36,456	92,055	
叙州南溪郡	16,448	36,668	

续表

朝代及郡名	户数	口数	备考
沪州沪川郡	44,611	95,410	
合州巴川郡	48,277	84,484	
荣州和义郡	16,667	52,087	
渠州邻山郡	32,877	63,830	
怀安军	29,625	174,985	
宁西军	47,057	111,754	
富顺监	11,241	23,716	
兴元府	60,284	123,540	
利州益川郡	25,373	51,539	
洋州洋川郡	45,490	98,567	
阆州阆中郡	43,936	100,907	
隆庆府	35,023	107,573	
巴州清化郡	23,337	41,516	
文州阴平郡	12,531	22,078	
沔州顺政郡	12,430	19,673	
蓬州咸安郡	27,827	51,472	
政州江油郡	3,523	9,294	
徽宗大观四年	20,882,258	46,734,784	见《地理志》，按《文献通考》，政和三年，详定《九域图说》，徐阅中言，《九域志》在元丰间主客户共一千六百余万，大观初已二千九十一万。又按《驹阴冗记》作"宣和中"。
高宗绍兴三十年	11,375,733	19,229,008	见《文献通考》。
又三十二年			按应作户10,391,666；口21,630,486。

续表

朝代及郡名	户数	口数	备考
两浙路	2, 243, 548	4, 327, 322	以下见《地理志》。
东路	110, 897	278, 954	
江南东西路	966, 428	1, 724, 137	
西路	1, 891, 392	3, 221, 538	
北路	254, 101	445, 844	
南路	968, 930	2, 136, 767	
福建路	1, 390, 565	2, 828, 852	
潼川府路	805, 364	2, 636, 476	
利州路	371, 097	769, 852	
夔州路	386, 978	1, 134, 398	
广南东路	513, 711	784, 774	
广南西路	488, 655	1, 341, 572	
孝宗乾道十年	12, 335, 450	25, 378, 684	见《文献通考》。
光宗绍熙四年	12, 302, 873	27, 845, 085	同上
宁宗嘉定十一年	13, 669, 684	口阙	见《地理志》。
又十六年	12, 670, 801	28, 320, 085	按应作户 12,670,901；口 28,320,096。见《文献通考》。按此系《国朝会要》所载户口，南渡前无各路数目。故以中书备对所书元封各路数编入。而南渡后莫盛于宁宗嘉定之时，故备书之。
两浙路	2, 220, 321	4, 029, 989	
江南东路	1, 046, 272	2, 402, 038	
江南西路	2, 267, 983	4, 958, 291	
淮南东路	127, 369	404, 261	

续表

朝代及郡名	户数	口数	备考
淮南西路	218, 250	779, 612	
广南东路	445, 906	775, 628	
广南西路	528, 220	1, 321, 207	
荆湖南路	1, 251, 202	2, 881, 506	
荆湖北路	369, 820	908, 934	
福建路	1, 599, 214	3, 230, 578	
京西路	6, 252	17, 221	
成都府路	1, 139, 790	3, 171, 003	
利州路	401, 174	1, 016, 111	
潼川府路	841, 129	2, 143, 728	
夔州路	207, 999	279, 989	
理宗宝庆元年			
两浙路	1, 975, 996	2, 822, 032	应按作户 3,680,182；口 5,375,111。见《宋史·理宗本纪》。
福建路	1, 704, 186	2, 553, 079	
又　景定五年 两浙 江东 江西 湖南 湖北 广东 广西 }路 福建 成都 京西 潼川 夔州 利州	5, 696, 989	13, 026, 532	见《度宗本纪》。景定五年十月，理宗崩，受遗诏，即皇帝位。是岁为户 5,696,989；口 13,026,532 云云。

续表

朝代及郡名	户数	口数	备考
金			
世宗大定二十七年	6,789,449	44,705,086	见《食货志》。
章宗明昌元年	6,939,000	45,447,900	同上
章宗明昌六年	7,223,400	48,490,400	同上。是岁分百姓为女真、契丹,及汉户。
又泰和七年	7,684,438	45,816,079	同上。注云,户增于大定二十七年 1,623,715;口增 8,827,065,据此则应作户 8,413,164;口 53,532,151。
元			
世祖　年	11,633,281	53,654,337	见《续文献通考》。按《续文献通考》户作千余万。《元史》则作百余万,两者大相径庭,殊难索解。
又中统二年	1,418,499		见《元史·世祖本纪》。
又中统三年	1,476,146		见《元史·世祖本纪》。此或世祖至元二十后事。
又中统四年	1,579,110		同上
又至元元年	1,588,195		同上
又至元二年	1,597,601		同上
又至元三年	1,609,903		同上
又至元四年	1,644,030		同上
又至元五年	1,650,286		同上
又至元六年	1,684,157		同上
又至元七年	1,929,449		同上
又至元八年	1,946,270		同上

续表

朝代及郡名	户数	口数	备考
又至元九年	1,955,880		同上
又至元十年	1,962,795		同上
又至元十一年	1,967,898		同上
又至元十二年	4,764,077		同上。是岁徙置新民括阑遗人口宋诸州府使俱率众来降。
又至元十三年 平宋	9,370,472	19,721,015	同上。
又至元二七年	13,196,206	58,834,711	见《续文献通考》。又见《驹阴冗记》。
又至元二八年 内郡 江淮四川	1,999,444 }游食者 11,430,878	59,848,964 429,118	见《元史·世祖本纪》。又见《驹阴冗记》。
又至元三十年	14,002,760	—	同上
文宗至顺元年	13,400,699	—	见《元史·地理志》。又按各中书省总数除阙者不计外，应作户 13,782,529；口 59,485,169。
中书省			
大都路	147,590	401,350	
上都路	41,062	118,191	
兴和路	8,973	39,495	
永平路	13,519	35,300	
保定路	75,182	130,940	
真定路	134,986	240,670	
顺德路	30,801	124,465	

续表

朝代及郡名	户数	口数	备考
广平路	41,446	69,082	
彰德路	35,246	88,206	
大名路	68,639	160,369	
怀庆路	34,993	170,926	
卫辉路	22,119	127,247	
河间路	79,266	168,536	
东平路	44,731	50,147	
东昌路	33,102	125,406	
济宁路	10,545	59,818	
曹州	37,153	195,335	
濮州	17,316	64,293	
高唐州	19,104	23,121	
泰安州	9,540	10,795	
德州	24,424	156,952	
恩州	10,545	37,479	
冠州	5,697	23,040	
益都路	77,164	212,502	
济南路	63,289	164,885	
般阳府路	21,530	123,185	
宁海州	5,713	15,743	
大同路	45,945	128,496	
冀宁路	75,404	155,321	
晋宁路	120,620	270,121	
辽阳等处行中书省			
辽阳路	3,708	13,231	

朝代及郡名	户数	口数	备考
大宁路	46,006	448,193	
沈阳路	2,425	—	
河南江北等处行中书省			
汴梁路	30,018	184,367	
河南府路	9,502	65,751	
南阳府	692	4,893	
汝宁府	7,075	—	抄籍户口阙，至顺钱粮户数如上。
信阳府	3,414	33,751	
归德府	23,317	—	同汝宁府。
襄阳路	5,090	—	同上
蕲州路	39,190	249,321	
黄州路	14,878	36,879	
庐州路	31,746	229,457	
安丰路	17,992	97,611	
安庆路	35,106	219,490	
扬州路	249,466	1,471,194	
淮安路	91,022	547,377	
中兴路	170,682	599,224	
峡州路	37,291	93,947	
安陆府	14,665	33,554	
沔阳府	17,766	30,955	
荆门州	29,471	165,435	
德安府	10,923	36,218	
随州	15,966	52,064	

续表

朝代及郡名	户数	口数	备考
陕西等处行中书省			
奉元路	33,935	271,399	
延安路	6,539	94,641	
兴元路	2,149	19,378	
凤翔府	2,081	14,908	
巩昌府	45,135	369,272	
四川等处行中书省			
成都路	32,912	215,888	
广元路	16,442	96,406	
顺庆路	?2,821	95,156	
重庆路	22,395	93,535	
绍庆路	3,944	15,189	
夔路	20,024	99,598	
甘肃等处行中书省			
甘州路	1,550	23,987	
肃州路	1,262	8,679	
江浙等处行中书省			
杭州路	360,850	1,834,710	
湖州路	254,345	—	
嘉兴路	426,656	2,245,742	
平江路	466,158	2,433,700	
常州路	209,732	1,020,011	
镇江路	103,315	623,644	
建德路	103,481	504,264	
松江路	163,931	—	

朝代及郡名	户数	口数	备考
江阴路	53, 821	300, 177	
庆元路	241, 457	511, 113	
衢州路	108, 567	543, 660	
婺州路	221, 118	1, 077, 540	
绍兴路	151, 234	521, 588	
温州路	187, 403	497, 848	
台州路	196, 415	1, 003, 833	
处州路	132, 754	493, 692	
宁国路	232, 538	1, 162, 690	
徽州路	157, 471	824, 304	
饶州路	680, 235	4, 036, 570	
集庆路	214, 538	1, 072, 690	
太平路	76, 202	446, 371	
池州路	68, 547	366, 567	
信州路	132, 290	662, 258	
广德路	56, 513	339, 780	
铅山路	26, 035	—	
福州路	799, 694	3, 875, 127	
建宁路	127, 254	506, 926	
泉州路	89, 060	455, 545	
兴化路	67, 739	352, 534	
邵武路	64, 127	248, 761	
延平路	89, 825	435, 869	
汀州路	41, 423	238, 127	
漳州路	21, 695	101, 306	

续表

朝代及郡名	户数	口数	备考
江西等处行中书省			
龙兴路	371,436	1,485,744	
吉安路	444,083	2,220,415	
瑞州路	144,572	722,302	
袁州路	198,563	992,815	
临江路	158,348	791,740	
抚州路	218,455	1,092,275	
江州路	83,977	503,852	
南康路	95,678	478,390	
赣州路	71,287	285,148	
建昌路	92,223	553,338	
南安路	50,611	303,666	
南丰州	25,078	128,900	
广州路	170,216	1,021,296	
韶州路	19,584	176,256	
惠州路	19,803	99,015	
南雄路	10,792	53,960	
潮州路	63,650	445,550	
德庆路	12,705	32,997	
肇庆路	33,338	55,429	
梅州	2,478	14,865	
南恩州	19,373	96,865	
封州	2,077	10,743	
新州	11,316	67,896	
桂阳州	6,356	25,655	

续表

朝代及郡名	户数	口数	备考
连州	4,154	7,141	
循州	1,658	8,290	
湖广等处行中书省			
武昌路	114,632	617,118	
岳州路	137,508	787,743	
常德路	206,425	1,026,042	
澧州路	109,989	1,111,543	
辰州路	83,223	115,945	
沅州路	48,632	79,545	
兴国路	50,952	407,616	
汉阳府	14,486	40,866	
归州	7,492	10,964	
靖州路	26,594	65,955	
天临路	603,501	1,081,010	
衡州路	113,373	207,523	
道州路	78,018	100,989	
永州路	55,666	105,864	
郴州路	61,259	95,119	
全州路	41,645	240,519	
宝庆路	72,309	126,105	
武冈路	77,207	356,863	
桂阳路	65,057	102,204	
茶陵路	36,642	177,202	
来阳路	25,311	110,010	
常宁路	18,431	69,402	

续表

朝代及郡名	户数	口数	备考
静江路	210,852	1,352,678	
南宁路	10,542	24,520	
梧州路	5,200	10,910	
浔州路	9,248	30,089	
柳州路	19,143	30,694	
庆远南丹溪洞等处	26,537	80,253	
军民安抚司			
平乐府	7,067	33,820	
郁林州	9,053	51,528	
容州路	2,999	7,854	
象州	19,558	92,126	
宾州	6,148	38,879	
横州	4,098	31,476	
融州	21,393	39,334	
藤州	4,295	11,218	
贺州	8,676	39,235	
贵州	8,891	20,811	
思明路	4,229	18,510	
太平路	5,319	22,186	
田州路	2,991	18,901	
军民总管府			
雷州路	89,535	125,310	
化州路	19,749	52,317	
高州路	14,675	43,493	
钦州路	13,559	61,393	

朝代及郡名	户数	口数	备考
廉州路	5,998	11,686	
乾宁军民安抚司	75,837	128,184	
南宁军	9,627	23,652	
万安军	5,341	8,686	
吉阳军	1,439	5,735	
明			
太祖洪武十四年	10,654,362	59,873,305	见《明会典》。下同。
又二十六年	10,652,870	60,545,812	按《明史》霍韬言："洪武初年，户一千六百五万有奇；口六千五十四万有奇。"实则洪武极盛时亦未有此数，岂史有误欤。
浙江布政司	2,138,225	10,487,567	
江西布政司	1,553,923	8,983,481	
湖广布政司	775,851	4,702,660	
福建布政司	815,527	3,916,806	
北平布政司	334,792	1,926,595	
山东布政司	753,894	5,255,876	
河南布政司	315,617	1,912,542	
山西布政司	595,444	4,072,127	
陕西布政司	294,526	2,316,569	
四川布政司	215,719	1,466,778	
广东布政司	675,599	3,007,932	
广西布政司	211,263	1,482,671	
云南布政司	59,576	259,270	

朝代及郡名	户数	口数	备考
应天府	163,915	1,193,620	
苏州府	491,514	2,355,030	
松江府	249,950	1,219,937	
常州府	152,164	775,513	
镇江府	87,364	522,383	
庐州府	48,720	367,200	
凤阳府	79,107	427,303	
淮安府	80,689	632,541	
扬州府	123,097	736,165	
徽州府	125,548	592,364	
宁国府	99,732	532,259	
池州府	35,826	198,574	
太平府	39,290	259,937	
安庆府	55,573	422,804	
广德州	44,267	247,979	
徐州	22,683	180,821	
滁州	3,944	24,797	
和州	9,531	66,711	
太祖洪武三十五年	10,626,779	56,301,026	见《续文献通考》，以下均同。
成祖永乐元年	11,415,829	66,598,337	
成祖永乐二年	9,685,020	50,950,470	
成祖永乐九年	9,533,692	51,446,834	
成祖永乐十一年	9,684,916	50,950,244	

朝代及郡名	户数	口数	备考
孝宗弘治四年	9,113,446	53,281,158	按应作户 9,113,440；口 52,280,798。
景宗天顺七年	9,385,012	56,370,250	
景宗天顺八年	9,107,205	60,499,330	
宪宗成化二十二年	—	65,442,680	
宪宗成化二十三年	—	50,207,134	
浙江布政司	1,503,124	5,305,843	
江西布政司	1,363,629	6,549,800	
湖广布政司	504,870	3,781,714	
福建布政司	506,039	2,106,060	
山东布政司	770,555	6,759,675	
山西布政司	575,249	4,360,476	
河南布政司	436,843	2,614,398	
陕西布政司	306,644	3,912,370	
四川布政司	253,803	2,598,460	
广东布政司	467,390	1,817,384	
广西布政司	459,640	1,676,274	
云南布政司	15,950	125,595	
贵州布政司	43,367	258,693	
顺天府	100,518	669,033	
永平府	23,539	228,944	
保定府	50,639	582,482	
河间府	42,548	378,658	
真定府	59,439	597,673	
顺德府	21,614	181,825	

续表

朝代及郡名	户数	口数	备考
广平府	27,764	212,846	
大名府	66,207	574,972	
延庆州 （旧名隆德）	1,787	2,544	
保安州	445	1,560	
应天府	144,368	711,003	
苏州府	535,409	2,048,097	
松江府	200,520	627,313	
常州府	50,121	228,363	
镇江府	68,344	171,508	
庐州府	36,548	486,549	
凤阳府	95,010	931,108	
淮安府	27,978	237,527	
扬州府	104,104	656,547	
徽州府	7,251	65,861	
宁国府	60,364	371,543	
池州府	14,091	69,478	
太平府	29,466	173,699	
安庆府	46,050	606,089	
广德州	45,043	127,795	
徐州	34,880	354,311	
滁州	4,840	49,712	
和州	7,450	67,016	
孝宗弘治十五年	9,691,548	61,416,376	见《图书编》黄册民数。下同。

续表

朝代及郡名	户数	口数	备考
南直隶	1,909,227	10,179,253	
北直隶	427,144	4,205,347	
浙江布政司	1,501,304	5,277,862	
四川布政司	257,357	2,668,791	
广西布政司	182,422	1,005,042	
江西布政司	1,385,138	6,895,293	
湖广布政司	517,674	4,173,285	
山东布政司	858,557	7,621,210	
陕西布政司	362,051	3,934,176	
山西布政司	588,962	4,870,965	
福建布政司	508,649	2,062,683	
广东布政司	471,862	1,858,257	
河南布政司	550,973	4,989,320	
云南布政司	126,874	1,410,094	
贵州布政司	43,354	264,798	
孝宗弘治十七年	12,972,974	60,105,835	见《续文献通考》。下同。
武宗正德元年	9,152,050	46,802,050	
武宗正德九年		63,300,000	
世宗嘉靖二十一年	9,972,229	62,530,195	见《图书编》黄册民数。又按应作户 9,972,219。
南直隶	2,015,646	10,402,198	下同。
北直隶	448,061	4,568,259	按《阴驹冗记》，"嘉靖中，户 9,351,907；口 58,557,738"，疑有误。

续表

朝代及郡名	户数	口数	备考
浙江布政司	1,528,157	5,108,855	
江西布政司	1,357,048	6,098,931	
湖广布政司	542,915	4,436,255	
山东布政司	837,342	7,718,202	
山西布政司	592,890	5,069,515	
河南布政司	603,871	5,278,275	
福建布政司	519,878	2,111,027	
四川布政司	260,885	2,809,170	
陕西布政司	395,607	4,086,553	
广东布政司	492,961	2,051,243	
广西布政司	209,164	1,093,770	
云南布政司	123,537	1,431,017	
贵州布政司	44,257	266,920	
神宗万历六年	10,621,436	60,692,856	按应作户10,624,436；口60,732,856。见《明会典》。下同。
浙江布政司	1,542,408	5,153,005	
江西布政司	1,341,005	5,899,026	
湖广布政司	541,310	4,398,785	
福建布政司	515,307	1,738,793	
山东布政司	1,372,206	5,664,099	
山西布政司	596,097	5,319,359	
河南布政司	633,067	5,193,602	
陕西布政司	396,423	4,502,067	
四川布政司	262,694	3,102,073	

朝代及郡名	户数	口数	备考
广东布政司	530,712	2,040,655	
广西布政司	218,712	1,186,179	
云南布政司	135,560	1,476,692	
贵州布政司	43,405	290,972	
顺天府	101,134	706,861	
永平府	25,094	255,646	
保定府	45,713	525,083	
河间府	46,024	419,152	
真定府	74,738	1,093,531	
顺德府	27,633	281,957	
广平府	31,420	264,898	
大名府	71,180	692,058	
延庆州	2,755	19,267	
保定州	772	6,445	
应天府	143,527	790,513	
苏州府	600,755	2,011,985	
松江府	218,359	484,414	
常州府	254,460	1,002,779	
镇江府	69,039	165,589	
庐州府	47,373	622,698	
凤阳府	111,070	1,203,349	
淮安府	109,205	906,033	
扬州府	147,216	817,856	
徽州府	118,943	566,948	
宁国府	52,148	387,019	

续表

朝代及郡名	户数	口数	备考
池州府	18,377	84,851	
太平府	33,262	176,085	
安庆府	46,609	543,476	
广德州	45,296	221,053	
徐州	37,841	345,766	
滁州	6,717	67,277	
和州	8,800	104,960	
清			
顺治八年	—	10,633,326	以下均见《东华录》。
顺治九年	—	14,483,858	
顺治十年	—	13,916,518	
顺治十一年	—	14,057,205	
顺治十二年	—	14,033,900	
顺治十三年	—	15,412,776	
顺治十四年	—	18,611,996	
顺治十五年	—	18,632,881	
顺治十六年	—	19,008,013	
顺治十七年	—	19,087,572	
顺治十八年	—	19,137,652	
顺治十八年	—	21,068,609	见《大清会典》。下同。
直隶顺天府	—	104,392	
永平府	—	93,591	
保定府	—	417,802	
河间府	—	219,705	
真定府	—	1,086,299	

续表

朝代及郡名	户数	口数	备考
顺德府	—	179,437	
广平府	—	276,010	
大名府	—	467,242	
延庆州	—	7,709	
保安州	—	5,505	
奉天府	—	3,952	
锦州府	—	1,605	
江南布政司	—	3,453,524	
浙江布政司	—	2,720,091	
江西布政司	—	1,945,586	
湖广布政司	—	759,604	
福建布政司	—	1,455,808	
山东布政司	—	1,759,737	
山西布政司	—	1,527,632	
河南布政司	—	918,060	
陕西布政司	—	2,401,364	
四川布政司	—	16,096	
广东布政司	—	1,000,715	
广西布政司	—	115,722	
云南布政司	—	117,582	
贵州布政司	—	13,839	
康熙元年	—	19,203,233	见《东华录》。下同。
康熙二年	—	19,284,378	
康熙三年	—	19,301,624	
康熙四年	—	19,312,118	

续表

朝代及郡名	户数	口数	备考
康熙五年	—	19, 353, 134	
康熙六年	—	19, 364, 881	
康熙七年	—	19, 366, 227	
康熙八年	—	—	
康熙九年	—	19, 396, 453	
康熙十年	—	19, 407, 587	
康熙十一年	—	19, 431, 567	
康熙十二年	—	19, 393, 587	
康熙十三年	—	17, 246, 472	因三藩之变故减。
康熙十四年	—	16, 075, 552	
康熙十五年	—	16, 037, 268	
康熙十六年	—	16, 216, 387	
康熙十七年	—	16, 845, 725	
康熙十八年	—	16, 914, 256	
康熙十九年	—	17, 094, 637	
康熙二十年	—	17, 235, 368	
康熙二十一年	—	19, 432, 753	俞正燮《癸巳类稿》同。
康熙二十二年	—	19, 521, 361	
康熙二十三年	—	20, 340, 655	
康熙二十四年	—	20, 341, 738	
康熙二十五年	—	23, 417, 448	见《大清会典》。下同。
直隶顺天府	—	135, 131	
永平府	—	96, 490	
保定府	—	454, 382	
河间府	—	237, 163	

续表

朝代及郡名	户数	口数	备考
真定府	—	1, 171, 790	
顺德府	—	188, 080	内匠役 606。
广平府	—	312, 270	
大名府	—	588, 658	内匠役 701。
延庆州	—	7, 418	
保安州	—	5, 485	
奉天府	—	13, 171	
锦州府	—	13, 056	
江南江苏布政司	—	2, 657, 750	
安徽布政司	—	1, 314, 431	
浙江布政司	—	2, 750, 175	
江西布政司	—	2, 126, 407	内食盐课 847, 959 口。
湖北布政司	—	443, 040	
湖南布政司	—	309, 812	
福建布政司	—	1, 395, 102	内食盐课 716, 889 口。
山东布政司	—	2, 110, 973	
山西布政司	—	1, 649, 666	
河南布政司	—	1, 432, 376	
陕西西安布政司	—	2, 241, 714	
巩昌布政司	—	273, 292	
四川布政司	—	18, 509	口数似嫌太小，疑有误。
广东布政司	—	1, 119, 400	内妇女 515, 175 口。
广西布政司	—	179, 454	
云南布政司	—	158, 557	
贵州布政司	—	13, 697	

续表

朝代及郡名	户数	口数	备考
康熙二十五年	—	20,341,738	以下均见《东华录》。
康熙二十六年	—	20,349,341	
康熙二十七年	—	20,349,341	
康熙二十八年	—	20,363,568	
康熙二十九年	—	20,363,568	
康熙三十年	—	20,363,568	
康熙三十一年	—	20,365,783	
康熙三十二年	—	20,365,783	
康熙三十三年	—	20,370,654	
康熙三十四年	—	20,370,654	
康熙三十五年	—	20,410,382	
康熙三十六年	—	22,410,682	此间骤增骤减疑，"2"字应作"0"。
康熙三十七年	—	20,410,693	
康熙三十八年	—	20,410,896	
康熙三十九年	—	20,410,963	
康熙四十年	—	20,411,163	
康熙四十一年	—	20,411,380	
康熙四十二年	—	20,411,480	
康熙四十三年	—	20,412,380	
康熙四十四年	—	20,412,560	
康熙四十五年	—	20,412,560	按《户部则例》，上谕，直辖各省四十五年编审册旧管人丁共 24,985,040。
康熙四十六年	—	20,412,560	

朝代及郡名	户数	口数	备考		
康熙四十七年	—	21,621,324			
康熙四十八年	—	—			
康熙四十九年	—	23,311,236	按《大清会典》，乾隆五十八年诏曰，"康熙四十九年，全国人口23,312,200"。		
康熙五十年	—	24,621,324	按《户部则例》四十五年编审册，旧管人丁共24,985,040。五十年编审，仅河南等八省，已增加73,604。若由此推之，其余十四省应共增110,900。本年人口应为25,169,514。		
康熙五十一年	—	24,623,524			
康熙五十二年	—	23,587,224	又永不加赋，滋生人丁	60,455	
			此间骤减1,000,000。明年又突然增加1,000,000。无此情理。疑"3"应作"4"。		
康熙五十三年	—	24,622,524	"	"	119,022
康熙五十四年	—	24,622,524	"	"	173,563
康熙五十五年	—	—	"	"	—
康熙五十六年	—	24,722,424	"	"	210,025
康熙五十七年	—	24,722,424	"	"	251,025
康熙五十八年	—	24,722,424	"	"	298,545

续表

朝代及郡名	户数	口数	备考		
康熙五十九年	—	24,720,404	”	”	309,545
康熙六十年	—	29,148,359	”	”	467,850
			此间骤增 5,000,000。疑应作 24,948,359。		
康熙六十一年	—	25,309,178	”	”	454,324
雍正元年	—	25,326,307	”	”	408,557
雍正二年	—	25,510,115	”	”	601,838
雍正三年	—	—	”	”	—
雍正四年	—	25,579,675	”	”	811,224
雍正五年	—	25,656,110	”	”	852,877
雍正六年	—	25,660,980	又永不加赋，滋生人丁		860,710
雍正七年	—	25,799,639	”	”	859,620
雍正八年	—	25,480,498	”	”	851,959
雍正九年	—	25,441,456	”	”	861,477
雍正十年	—	25,442,664	”	”	922,191
雍正十一年	—	25,412,289	”	”	936,486
雍正十二年	—	26,417,932	”	”	937,530
按清室自顺治以迄雍正末年，人口统计有丁无口。					
乾隆六年	—	143,411,559			
乾隆七年	—	159,801,551			
乾隆八年	—	164,454,416			
乾隆九年	—	166,808,604			
乾隆十年	—	169,922,127			

朝代及郡名	户数	口数	备考
乾隆十一年	—	171, 896, 773	
乾隆十二年	—	—	
乾隆十三年	—	—	
乾隆十四年	—	177, 495, 039	
乾隆十五年	—	179, 538, 540	
乾隆十六年	—	181, 811, 359	
乾隆十七年	—	—	
乾隆十八年	—	183, 678, 259	
乾隆十九年	—	184, 504, 493	
乾隆二十年	—	185, 612, 881	
乾隆二十一年	—	186, 615, 514	
乾隆二十二年	—	—	
乾隆二十三年	—	191, 672, 808	
乾隆二十四年	—	194, 791, 859	
乾隆二十五年	—	196, 837, 977	
乾隆二十六年	—	198, 214, 555	
乾隆二十七年	—	200, 472, 461	
乾隆二十八年	—	204, 209, 828	
乾隆二十九年	—	205, 591, 017	
乾隆三十年	—		
乾隆三十一年	—	208, 095, 796	
乾隆三十二年	—	209, 839, 546	
乾隆三十三年	—	—	

朝代及郡名	户数	口数	备考
乾隆三十四年	—	212,023,042	
乾隆三十五年	—	213,613,163	
乾隆三十六年	—	214,600,356	
乾隆三十七年	—	216,467,358	
乾隆三十八年	—	218,743,315	
乾隆三十九年	—	221,027,224	
乾隆四十年	—	264,561,355	
乾隆四十一年	—	268,238,181	
乾隆四十二年	—	—	
乾隆四十三年	—	242,965,618	
乾隆四十四年	—	275,042,916	
乾隆四十五年	—	—	
乾隆四十六年	—	279,816,070	
乾隆四十七年	—	281,822,675	
乾隆四十八年	—	284,033,785	
乾隆四十九年	—	286,331,307	
乾隆五十年	—	288,863,974	
乾隆五十一年	—	391,102,486	"3"疑当作"2"。
乾隆五十二年	—	292,429,018	
乾隆五十三年	—	294,852,089	
乾隆五十四年	—	—	
乾隆五十五年	—	301,487,115	
乾隆五十六年	—	304,354,110	

续表

朝代及郡名	户数	口数	备考
乾隆五十七年	—	307,467,279	大《清会典》，是年上谕作"307,467,200"。疑末二位略去。
乾隆五十八年	—	310,497,210	
乾隆五十九年	—	313,281,795	
乾隆六十年	—	296,968,968	
嘉庆元年	—	275,662,044	(注)湖南、湖北两省及福建之福州等府未查报。
嘉庆二年	—	271,333,544	
嘉庆三年	—	290,982,980	
嘉庆四年	—	293,283,179	
嘉庆五年	—	295,237,311	
嘉庆六年	—	297,501,548	
嘉庆七年	—	299,749,770	
嘉庆八年	—	302,250,673	(注)湖北、陕西、福建三省未经查报。
嘉庆九年	—	304,461,284	
嘉庆十年	—	332,181,403	
嘉庆十一年	—	335,309,469	
嘉庆十二年	—	338,062,439	
嘉庆十三年	—	350,291,724	
嘉庆十四年	—	352,900,024	
嘉庆十五年	—	348,717,214	

续表

朝代及郡名	户数	口数	备考
嘉庆十六年	—	358,610,039	此间骤增 10,000,000。明年又骤减 20,000,000。疑"5"应作"4"。
嘉庆十七年	—	333,700,560	
嘉庆十八年	—	336,451,672	
嘉庆十九年	—	316,574,895	
嘉庆二十年	—	326,574,895	
嘉庆二十一年	—	328,814,957	
嘉庆二十二年	—	331,330,433	
嘉庆二十三年	—	348,820,037	
嘉庆二十四年	—	301,260,545	此间与前后两年相差太巨，且毫无理由，疑第一"0"应作"5"。
道光元年	—	355,540,258	
道光二年	—	372,457,539	
道光三年	—	375,153,122	
道光四年	—	374,601,132	
道光五年	—	379,885,340	
道光六年	—	—	
道光七年	—	383,696,095	
道光八年	—	—	
道光九年	—	390,500,650	
道光十年	—	394,784,681	
道光十一年	—	—	

朝代及郡名	户数	口数	备考
道光十二年	—	397,132,659	
道光十三年	—	398,942,036	
道光十四年	—	—	
道光十五年	—	401,767,053	
道光十六年	—	404,901,448	
道光十七年	—	405,923,174	
道光十八年	—	409,038,799	
道光十九年	—	410,850,639	
道光二十年	—	412,814,828	
道光二十一年	—	413,457,311	
道光二十二年	—	414,686,994	
道光二十三年	—	417,239,097	
道光二十四年	—	419,441,336	
道光二十五年	—	421,342,730	
道光二十六年	—	421,121,129	此间骤减 220,000，疑有误。
道光二十七年	—	424,938,900	
道光二十八年	—	426,737,016	
道光二十九年	—	412,986,649	甘肃、福建、台湾除外。
道光三十年	—	414,493,899	江苏、福建等处未经册报。
咸丰元年	—	432,164,047	江苏、湖南、湖北未经查报。因"洪杨之役"起也。
咸丰二年	—	334,403,035	同上
咸丰三年	—	297,626,556	同上

续表

朝代及郡名	户数	口数	备考
咸丰四年	—	298, 152, 503	苏、皖、湘、鄂、闽、粤、桂未经造报。
咸丰五年	—	293, 740, 282	苏、皖、鄂、黔未经册报。
咸丰六年	—	275, 117, 661	苏、皖、鄂、黔未经册报。
咸丰七年	—	242, 372, 140	苏、皖、赣、闽、鄂、湘、豫、粤、桂、滇、？未经册报。①
咸丰八年	—	193, 887, 502	直、苏、皖、闽、桂、滇未经册报。
咸丰九年	—	291, 148, 943	
咸丰十年	—	260, 924, 675	

① 底本不清。——编者注

177

五　用拣样调查法调查中国人口问题之建议

第一节　导　　言

吾曩尝著论，以为欲知中国人口问题之真相，当努力于全国清查，及生命注册。虽然，此亦未易几及。中国今日，政治犹是椟杌，盗贼犹是跳梁，在在足为工作之碍垫。即使此等困难皆已不在，全国清查，与夫完美之生命注册，亦非一蹴所几。

请先论全国清查。全国清查者，至费者也。中国有土 4,278,847 方里。铁道路线仅及 15,260 基罗密达。交通之苦窳可知，其在内地，尤苦不便。终日极行，不过百里而止耳。在清查人口之时，每一个调查员所能清查之人口，恒与交通之良窳成比例。交通愈劣，每一调查员所能清查之人口愈少。考诸美国一九三〇年之成例，城市之中，每一调查员能清查 1,000 人。其在乡村，不能多于 500 人。良以乡村之交通窳也。① 中国交通之苦窳如此，每一调查员所能清查之人口，当又减少。姑以七折言之。在城市之中，每一个调查员所能清查，无逾 700 人。其在乡村，无逾 350 人。假谓中国为 400,000,000 人，所用调查员，约为 1,000,000 乃至 1,015,000 人。假谓每一个调查员之旅费为 40 元，全国之调查费当在 40,000,000 至 40,600,000 元。中央统计局所需之行政费，以及事业费，盖犹未计入焉。

请更以英国之例言之。英国清查每一千人口，所需费用，共约英

---

① 见 Annual Aepost of the Director of Census, 1930.

金 9 镑。① 假谓此当中国洋 140 元，所需费用，共约洋 56,000,000 元。次更以印度之例言之。印度清查每一千人口，所需费用，共约 5~6 罗比。② 假谓此当中国洋 8 元，所需费用，共约 3,200,000 元。

准是言之，今日中国实不能清查全国人口也。

请再论生命注册。欲使生命注册完善，必当解决三条件：(1)国民教育必须普及，然后深知生命注册之重要。而不惮呈报。美国定制，任何城市，其生命注册能正确至百分之九十以上者，皆可列入注册区域。然南方诸州，黑人充斥，且多未受教育者，每每不肯呈报。

---

① 兹将英国历届人口清查之费用举示如下。

年份	人口	总费用	每千人之费用
1851	17,927,6?9	L 95,132	L 5s 3d1
1861	20,066,2?4	95,719	4 15 5
1871	22,712,266	119,977	5 5 8
1881	25,974,439	122,876	4 14 7
1891	29,002,555	120,599	4 3 2
1901	32,527,843	148,921	4 1? 6
1911	36,070,492	161,481	4 9 6
1921	37,886,699	351,334	9 5 6

以上见 Census of England and Wales, 1815-1921.

② 兹将印度历届人口清查之费用举示如下。

年份	每千人之费用
1881	Rs 11 5a 0p
1891	10 8 10
1901	6 4 10
1911	6 0 10
1921	5 4 0

以上见 Census of India, 1881-1912.

于是此等城市每每不能加入注册区域矣。(2)关于生命注册之条例，必须完美。例如条例上若不明定罚款，以强迫人民注册，则人民必多玩忽不报者。又如条例上所规定之呈报节目，若不能助成健全之答案，则所得结果必不适用。又如注册条件上若不明白规定各城市之互助办法，则当人民住址变动之时，其生命注册必难完美。(3)必须有大宗金钱，以整理统计材料。所得之统计材料虽完全，若无力详细分析研究之，则只能发现表面之生命变动。以上三条件，皆为先决条件。中国今日，教育犹未普及，国库犹甚空乏。即使能有完美之生命注册条例，亦未必遂能获有完善之生命统计也。

中国之情形如此。居今而欲遂明中国之人口问题，则拣样调查法可以一试。自误差定律言之，苟能求得正确之样子，其所能答复之问题，盖与全体调查无殊。所不能答复者，惟全体之总数而已。准是言之，无论吾人之所研究，或为中国之一省，或一县，或为中国全体，皆可试用拣样调查法，以求得中国目前必须研究之人口问题。本篇第二节当畅言此理，兹姑从略。

第二节　拣样调查之成效

从上节，吾人知中国今日实无清查全国之可能。然而人口问题实为社会问题之枢纽。不能彻底明了人口问题，即无法确定社会政策。欲研究人口问题，第一须有全国清查，第二须有生命注册。此二者既不可一蹴而几，吾人于是主张拣样调查法。

拣样调查方法者，"从所选之样子，获得全体之缩影"之法也。①此法之理论的根据，在于机率推论法(Theory of Profable Inference)。②例如上海商人之经营地产者，为全体之百分之二。某甲亦为上海商人，故某甲之经营地产机会，应为百分之二。此为最简单之推论法。

---

① Edgeworth, F. Y., "Presidential Speech", Tournal of Royal Statestical Society, 1912.

② Pierce, C. S., A Theory of Probable Inference, Johns Hopkins Study.

若更就其繁复者言之。例如商人之经营地产者，为百分之二。故上海商人之经营地产者，应为百分之二。此为演绎的推论法（Deductive Inference）。此法之弊病，在于大前提之百分数每每错误。故为统计学家所不采用。统计学家所采用者，为扩大的推论法（Amplifying Inference）。其第一方法。例如吾人以随机的方法，在全体上海商人之中，调查若干家。在此若干家之中，其经营地产者，为百分之二。故全体上海商人之经营地产者，亦应为百分之二。此为归纳推论法（Inductive Inference）。第二种方法。例如代表全体上海商人之若干家，其中经营地产者，为二百家，为百分之二。全体上海商人之经营地产者，为二千家，亦为百分之二。故此若干家应为全体上海商人之百分之十之缩影。此为假说推论法（Hypothetic Inference）。此二种方法之大前提，其比例率有时不可靠。然如将样子逐渐增大，则其可靠程度亦逐渐增大。可见此等方法含有试验性质，不致引人入于歧途也。

在数学上，通常皆知拣样调查法之可靠。从理论上，更足证明之。由此可见，吾人只须设法拣得足为代表之样子，则其结果之可靠，当无疑义。欲拣得足为代表之样子，必须能使所拣样子之分配，恰合误差原则（Law of Error）。如此，然后可以使样子曲线恰为常态曲线（Normal Curve）。能为常态曲线，方能恰成全体之缩影。如何方成常态曲线，古今学者，讨论甚多。其说莫赅于厄知微斯教授（F. Y. Edgeworth）。厄知微斯以为理想的常态曲线须符合十一个条件。[①]

1. 各元子，在随机状态之中，各具有不同之数值。

2. 从长时间言之，各元子以比例的次数出现。此种次数曲线，能以简单确定之次数曲线或轨迹代表之。

3. 同一元子，对于组合之各个数值，所生之一类数值，皆由于独立之变化作成之。

4. 一个不同之元子，对于组合之同一数值，所生之一类数值，皆由于独立之变化作成之。

---

① Edgeworth, F. Y. "The Law of Errors", Transactions of The Cambridge Phylosophic Society, Vol. XX, Nos. I - V.

5. 由元子集合而成组合，应为最简之手续，盖即加法是也。

6. 各元子之变化，仅在同一面中。

7. 各元子之次数轨迹，其中心与两极之距离，并非无定。

8. 各元子之次数轨迹，其中心与两极之距离，不得为无穷大。

9. 元子之个数甚大。

10. 各元子之次数轨迹，虽非皆相吻合，然亦渐近的相等。此事任何元子所含各均方差，与任何元子之相当的均方差，渐近的相等。

11. 自长时间言之，任何元子之各数值，为同一定量差之倍数。

虽然，厄知微斯所举之十一条件，仅足为理想的常态曲线说法。在常见之常态曲线，仅能使各个数值皆能独立，而不受其他数值之影响。盖即厄知微斯之第三、第四两条件也。此理虽厄知微斯亦承认之。故吾人当拣选样子之时，但求能合三条件，斯已足矣。第一，不问在何时何地，所有样子，皆以相等之机会拣择之。第二，各组样子之各个分子，亦皆以相同之条件拣择之。第三，所观察之特种现象，其各个事实或表现，皆完全互相独立。①

欲符合上述三条件，必须遵守数种作事定则：第一，所发见之材料，无论适合本人之意见与否，在每一研究调查之时，胸中必须丝毫不存成见。第二，统计学家共同遵守之原则，例如定义正确，计算完美，等等，皆须笃行力践。而于调查范围，尤应确下定义。第三，上节所述三条件更须时时体会。此数种作事定则，意义完全一贯。若能遵守第一第二两定则，所拣样子，必能免去畸轻畸重之弊。若更能无忘第三定则，对于拣择样子之道，可无憾矣。②

拣样调查之见称于世，实始于一八九一年。是年挪威国之人口统计，即用拣样调查法作成。一八九五年，国际统计会议在培恩（Berne）开会之时，挪威国统计局局长凯尔（A.N.Kiear）将所得之结果，著为论文。大受注意。自时厥后，拣样调查法日益为人所采用。

---

① Yule, G. U., An Introduction to The Theory of Statistics 7 ed, pp. 255-261, 336.

② Institut Internationale de statistique, Bul. 22, p. 62.

在人口统计、农业统计以及社会统计之中，此法之应用益夥。时至今日，世界各国殆无不试行拣样调查法者。若干有经验之统计学家，甚且不必以随机拣样法拣选样子，而惟凭借一己之判断力以定去取。此之谓随意拣样法(Purposive sampling)。① 若统计学家之判断正确，则其结果亦往往可用焉

拣样调查法之优点大抵有四:②

1. 调查范围可以广阔。

2. 时间及金钱可以节省。

3. 不必将全体逐一调查。

4. 便于私人调查。

可见拣样调查法堪用于一切之统计调查。或谓吾人如用以调查人口问题，必不能确知人口之总数。此言诚为吾人所承认。然而除去人口之总数而外，其他各种关于人口之现象，皆将发现于样子之中。而其在样子中之势力，亦是渐近的与其在全体之中之势力相等。然则此种拣样调查之结果，固不失为良好之结果也。又有人谓，如有某项问题各元子之组织与配合过于复杂，则所选样子必须甚大，始无遗漏。如此则拣样调查之经费，必与全体清查不相上下。故柯梯(R. H. Coats)以为坎拿大因移民关系，人口分配，太不匀称。组织亦极复杂。不宜采用拣样调查。③ 此说亦殊有理。然亦仅足为坎拿大说法。若在较古之国，移入之民不多，人口之分配与组织，皆在常态之下，当然可以采用拣样调查法以研究人口问题。故柯梯先生所举之特殊情形，不适用于中国。虽则辽宁、吉林、黑龙江三省，以及上海、天津、广州三市，侨民稍多，吾人固不妨另用全体清查法以研究此等地方，借作补充与比较也。兹再列举几个著名的拣样调查，以资参考。

请先言拣样调查之用于人口统计者。

---

① Institut Internationale de statistique, Bul. 22, p. 62.

② Chaddock, R. E. Principles of Statistics, p. 432.

③ Coats, R. H., "Enumeration and Sampling in the Field of the Census", Journal of American Statical Association, September, 1931, pp. 270-284.

一八九一年，挪威国之人口清查，只于全国之中，选出 127 乡村，23 城市，作为代表。次又于某一地方，选出人民之年龄为 17、22、27……97 者，作为代表。再次又将此等选出之人民其姓氏之第一字母为 A，B，C，L，M 或 N 者，作为最后的代表。(在克利斯山纳(Christiana)以及其他人口众多之少数城市，则仅用人民之姓氏为 L，M 或 N 者。)于是根据此最后之代表，从事调查。

此次拣样调查，关于男子之职业，其百分数曾与同年之全国清查之百分数相比较。其结果如下。①

职业	乡村人口		城市人口	
	全国总查	拣样调查	全国清查	拣样调查
公务人员	1.5	1.8	4.8	4.8
农民	23.9	23.7	0.5	0.2
渔夫	8.3	7.4	1.9	1.3
农家助手				
佃户	5.8	5.5	—	—
农民女子	9.6	8.4	0.1	—
佣工	4.5	4.9	0.1	0.1
其他	5.2	4.4	0.6	0.7
艺匠				
匠人	4.7	4.5	7.4	6.8
帮工	3.5	3.7	17.8	18.1
厂工	4.3	5.6	12.1	13.1
商人	1.3	1.3	6.5	6.6
店伙	0.7	0.8	6.2	5.4
店佣	0.4	0.3	5.9	4.6

---

① Kiaer A. N. "Obsevationset experiences concernant des dən-omberements representatifs", Bulltin de l' Institut Internationale de statistique, Val. Ⅸ, No. 2, p. 176.

续表

职业	乡村人口		城市人口	
	全国总查	拣样调查	全国清查	拣样调查
海员	9	0.8	3.2	4.6
港务	2.0	4.3	5.5	7.6
其他	23.4	21.6	27.4	26.1
总数	100.0	100.0	100.0	100.0

从上表，可知全国总查与拣样调查大概相似。此二种调查所以不能吻合，盖因全国总查所调查者为事实人口（Population de fait），而拣样调查所采取者为法律人口（Population de dnoit）。可见此次拣样调查实为一大成功也。

奥大利国中央统计局，曾用拣样调查法调查前奥匈帝国人民死于此次欧战之人数。此次调查，并非欲求人民死亡之总数，不过欲求前奥匈国各民族死亡之比例，从死亡人数总表之中，选出 130,000 人，作为样子。此样子约为全体之十分之一。选拣范围以一九一四年八月一日至一九一八年四月十九日为限。每隔若干月，选出一月，作为代表。兼采男女两性之死亡者。此次所选样子其死亡分配曾与全体记录比较如下。①

	全体记录	样子
奥大利	56.7	56.6
匈牙利	40.3	40.3
波斯尼亚黑		
塞哥维那	3.0	3.1
总数	500.0	100.0

① Winker, William, Die Totenverluste der Ostemg Monarchie Nationalitalen.

从上表，可知样子之百分数与全体记录之百分数为渐近的相似。

一九〇〇年，挪威国在清查全国人口之后，复欲研究家庭之大小，及其组织、家长之职业、家中各人之亲属关系、性别、年龄，等等。此时势不能再作全国清查，乃决定采用拣样调查法。在第一人口清查区之城市中，将第一、第十一、第二十一……各家选出。第二人口清查区之城市中，将第二、第十二、第二十二……各家选出。第三人口清查区之各城市中，将第三、第十三、第二十三……各家选出。此次调查结果，与全体清查之结果极其相似。如下。①

职业	全体清查 以 10 除之		拣样调查	
	人数	百分数	人数	百分数
已婚：				
男子	100,039	45.53	99,503	45.51
女子	110,364	50.23	109,853	50.24
未婚：				
男子	5,256	2.39	5,329	2.45
女子	4,041	1.84	3,957	1.83
总数	219,698	100.00	218,642	100.00

从上表，可知拣样调查与全国清查为渐近的相似。兹更举示此两种调查之男女年龄分类如下。吾人须知欲考验调查法是否成功，宜从各方面观察之也。

---

① Familihusholdsringernet Sammensating, Norges Officelle Statistik, Scries 5, No. 82, p. 10.

年龄	拣样调查（百分数）				全国清查（百分数）			
	乡村		城市		乡村 1/20		城市 1/20	
	男	女	男	女	男	女	男	女
0~5 岁	6.72%	6.53%	6.39%	6.31%	6.57%	6.31%	6.24%	6.17%
5~10 岁	6.38%	6.01%	6.33%	5.38%	6.26%	5.97%	5.38%	5.24%
10~15 岁	5.86%	5.55%	4.76%	4.77%	5.89%	5.56%	4.68%	4.72%
15~20 岁	4.73%	4.49%	4.59%	5.64%	4.75%	4.55%	4.76%	5.56%
25~30 岁	3.47%	3.76%	4.22%	5.97%	3.49%	3.78%	4.60%	5.97%
30~35 岁	2.77%	3.22%	3.66%	4.78%	2.88%	3.30%	3.77%	4.83%
35~40 岁	2.42%	2.87%	2.55%	3.29%	2.41%	2.90%	2.66%	3.44%
40~45 岁	2.38%	2.68%	2.24%	2.58%	2.33%	2.65%	2.34%	3.00%
45~50 岁	2.22%	2.46%	1.99%	3.29%	2.22%	2.55%	2.01%	2.57%
50~55 岁	1.89%	2.13%	1.74%	1.91%	2.00%	2.24%	1.70%	2.23%
55~60 岁	1.79%	1.92%	1.35%	1.40%	1.78%	1.94%	1.37%	1.80%

年龄	拣样调查（百分数）				全国清查（百分数）			
	乡村		城市		乡村 1/20		城市 1/20	
	男	女	男	女	男	女	男	女
60~65 岁	1.50%	1.62%	1.03%	1.36%	1.49%	1.64%	1.04%	1.41%
65~70 岁	1.41%	1.51%	0.91%	0.99%	1.45%	1.56%	0.85%	1.21%
70~75 岁	1.29%	1.36%	0.67%	1.01%	1.22%	1.35%	0.63%	0.94%
75~85 岁	1.36%	1.58%	0.63%	0.16%	1.36%	1.53%	0.56%	1.95%
85~90 岁	0.19%	0.27%	0.09%	—%	0.19%	0.28%	0.06%	0.13%
95 岁以上	—%	0.01%	—%	—%	0.01%	0.01%	—%	—%
未知	0.11%	0.06%	0.06%	0.05%	0.09%	0.05%	0.10%	0.07
总数	48.99%	51.01%	45.31%	54.69%	48.44%	51.12%	45.84%	54.61%

年龄	抽样调查				全国清查			
	乡村		城市		乡村 1/20		城市 1/20	
	男	女	男	女	男	女	男	女
0~5 岁	5,419	5,264	3,812	3,770	5,228	5,024	3,925	3,878
5~10 岁	5,145	4,840	3,184	3,215	4,985	4,757	3,380	3,294
10~15 岁	4,722	4,476	2,845	2,849	4,687	4,424	2,990	2,966
15~20 岁	3,812	3,617	2,740	3,366	3,786	3,621	2,993	3,494
20~25 岁	2,801	3,027	2,522	3,565	2,778	3,008	2,893	3,754
25~30 岁	2,236	2,599	2,186	2,855	2,296	2,630	2,371	3,039
30~35 岁	2,008	3,401	1,850	2,311	1,990	2,344	1,939	2,460
35~40 岁	1,947	2,313	1,524	1,963	1,919	2,313	1,675	2,164
40~45 岁	1,917	1,157	1,340	1,752	1,852	2,111	1,474	1,888
45~50 岁	1,788	1,982	1,189	1,543	1,771	2,027	1,262	1,617
50~55 岁	1,520	1,716	1,037	1,368	1,590	1,785	1,071	1,404

续表

年龄	拣样调查				全国清查			
	乡村		城市		乡村 1/20		城市 1/20	
	男	女	男	女	男	女	男	女
55~60岁	1,441	1,550	805	1,140	1,415	547	860	1,129
60~65岁	1,211	1,310	617	834	1,187	1,309	653	886
65~70岁	1,141	1,217	546	812	1,157	1,243	534	763
70~75岁	1,043	1,100	401	589	973	1,075	398	591
75~80岁	1,102	1,277	378	603	1,079	1,223	353	603
85~90岁	158	221	52	95	150	219	39	83
95岁以上	4	12	1	1	5	10	—	—
未知岁	91	49	38	33	75	40	64	44
总数	39,506	41,128	27,067	32,664	38,923	40,710	28,823	34,058

波莱教授（Prof. A. L. Bowley）曾二次运用拣样调查法研究贫乏问题。

第一次拣样调查在一九一二年至一九一三年。此次共调查四个城市，用以代表英国城市之具有 4,000～15,000 人口者。此等城市所代表之性质，各各不同。黎定（Reading）及瓦林敦（Warrington）有多种小工业而无最大工业。那散布登（Northampton）有制靴业，为最大工业。兼有若干种小工业。斯丹莱（Stanley）为煤矿区。

在此四个城市，其拣选全照随机拣样法（Random Sampling）。然在每一城市，所拣样子形式（Size）之大小，则微有不同。在那散布登，每隔 23 家选出一家。在瓦林敦，每隔 19 家选出一家。在斯丹莱，每隔 17 家选出一家。在黎定，每隔 21 家选出一家。此四个城市之商店以及各种机关，皆剔除在外。

在样子选定之后，调查员须按照所选各家之先后次序，逐家将调查表之所有问题尽量搜求答案。如遇所选之住宅为空屋，只许就左手一家调查，以为替代。

波莱教授以为样子之可靠与否，关系三个条件：（1）定义正确。（2）各个观察正确。（3）样子之大小合宜。彼曾用 22.7，1.93，17.4 以及 21.5 除此四城之全城清查。而以其商数与拣样调查相比较。兼表示其或差（Probable Error）如下。[①]

种类	样子之数目	或　差	全体清查之数目 （照比例缩小）
学童			
那散布登	570	16	576
瓦林敦	735	18	699
黎定	623	16	632
斯丹莱	214	9	248

---

① Bowley, A. L., Livelihood and Poverty, Passim.

续表

种类	样子之数目	或 差	全体清查之数目（照比例缩小）
拥挤(每房间有二人以上)			
那散布登	0	7	4
瓦林敦	15	3	40
黎定	8	2	11
价值在五镑以下之房屋			
黎定	206	8	204
那散布登	316	12	311
雇主			
那散布登	59	5	62
	70	6	57
	51	5	44
	47	5	44
瓦林敦	131	8	131
	48	5	52
	99	7	112
	40	4	62
	36	4	52
黎定	7	2	5
	8	2	9
	13	2	12
	29	4	35
	54	5	58
	185	185	230

续表

种类	样子之数目	或　差	全体清查之数目（照比例缩小）
养老金			
那散布登	49	5	86
瓦林敦	25	7	41
黎定	43	4	78
户外救济			
瓦林敦	22	4	34
黎定	10	3	25

此表为一极精密之考验，所以断定样子之大小是否合宜者。例如样子拣选系按照全体之 Y%，则样子之实际大小与全体之比例当为 Y±P.E.决不可超出 Y±3×P.E.也。

一九二四年，波莱教授复作同样研究。此次将研究区域扩充至五个城市。在那散布登（Northampton），每 17 家选出一家。在瓦林敦（Warrington），每 13 家选出一家。在黎定（Reading），每 18 家选出一家。在波尔敦（Bolton），每 36 家选出一家。在斯丹莱（Stanley），每 8 家选出一家。①

此次调查，其考验正确程度之方法，与一九一三年所用之方法相同。兹不赘。

约翰希尔敦（John Hilton）在一九二四年，研究英国之失业问题。所用方法亦为拣样调查法。此次调查所选之样子极小。仅为全体之百分之一。样子小至如此，实为世界所仅见。盖波莱教授平素持论，以为如果选择合宜，观察正确，则样子虽小至百分之一，亦是可用。故希尔敦利用此机会以实验此学说。

此次调查，较之通常之拣样调查，更形谨慎。先从职业介绍所取

---

① Iid Has Poverty Diminished? Passim.

来候事工人之名单。其上载有各个候事工人之号数。然后按照此号数，平均约于每100人之中选出一人。此百分之一之标准亦非绝对的遵守。有时在较大之职业介绍所，为避免所长之过量麻烦，亦可将此标准稍稍活动。又有时因男女工人候事者数目不同，欲使能以代表各地理区域之情形，亦有将此标准稍稍活动之必要。选择之手续，系从每一百号之中选出一号。将此号粘于墙上。嘱彼于下次到所时至所长室谈话。各个职业介绍所各从一不同之号码开始选拣。务使于各种职业皆有被选之机会。有若干贴出之号码，因该工人随即觅得职业，以后并未再到介绍所。故所中办事员须随时商之所长等人。或须接见该号码本人，或须以该号上下各五号之任一号码作为代表。

　　此次样子，系百分之一。希尔敦从前对于同一题目曾用百分之三十三以及百分之十之样子以调查之。此三个样子之大小，迥不相同。然据希尔敦之比较，则其结果仅有些微差异。兹举示其比较之一部分如下。①

---

　　① Hilton, John, "Enquiry by Sample: An Experiment", Journal of Royal Statistical Society, 1924, pp. 544-570.

男子

年龄	未婚 一月二十七日		已婚 十二月二十六日		鳏寡		总数		
	1/3 样子	1/100 样子	1/3 样子	1/100 样子	1/3 样子	1/100 样子	1/3 样子	1/100 样子	1/10 样子
16~17	4.6	4.9	0.0	—	0.1	—	2.0	1.9	2.7
18~19	14.5	12.0	0.6	0.1	0.4	—	6.4	4.7	6.4
20~24	32.5	33.9	7.3	5.9	1.1	0.4	17.8	16.5	17.2
25~29	13.5	14.3	13.0	11.4	2.5	2.3	13.0	12.0	12.3
30~34	6.6	7.0	13.3	13.5	3.7	1.6	10.3	10.3	9.9
35~44	9.7	9.7	23.8	23.4	11.2	7.9	17.6	17.1	17.6
45~54	9.5	7.5	22.1	24.5	22.9	22.5	16.7	17.8	16.7
55~59	3.8	2.8	8.7	10.8	17.3	20.0	6.9	8.2	7.0
60以上	5.8	8.3	11.2	10.4	40.8	45.3	9.3	11.5	10.2
总数	100.0	100.0	100.0	100.0	100.0	100.0	100.0	100.0	100.0

女子

年龄	未婚 一月二十七日		已婚 十二月二十六日		鳏寡		总数		
	样子 1/3	样子 1/100	样子 1/3	样子 1/100	样子 1/3	样子 1/100	样子 1/3	样子 1/100	样子 1/10
16~17	13.0	9.2	0.1	—	0.0	—	8.0	6.0	7.9
18~19	24.2	23.4	2.3	2.0	0.6	—	15.7	16.0	14.2
20~24	32.3	35.8	19.9	23.3	1.6	1.1	26.6	30.3	26.8
25~29	13.2	15.2	20.4	24.1	4.6	3.2	15.2	17.1	15.4
30~34	5.8	7.3	14.8	16.8	8.7	7.4	9.0	10.1	9.7
35~44	6.3	5.1	23.5	20.4	26.8	28.7	13.0	10.8	13.1
45~54	3.3	2.5	13.5	11.0	29.0	22.3	8.0	8.0	8.3
55~59	0.9	0.4	3.1	0.8	13.3	18.1	2.3	1.5	2.3
60以上	1.0	1.1	2.4	1.6	15.4	19.2	2.2	2.2	2.3
总数	100.0	100.0	100.0	100.0	100.0	100.0	100.0	100.0	100.0

此次调查，实为学术上重要之贡献，然亦有可议之处。

（1）希尔敦在选择样子之时，不能严格遵守彼所采用之比例（百分之一）。此等情形，最易引起舛误。

（2）选定之人，如不能到职业介绍所，应预先决定，一律用该号以前或以后之人为替代。若任意在前后各五号之中，任择一人，作为替代，必引起舛误。

一九二〇年，丹麦曾调查全国人口之财产分配。其方法亦系用拣样调查法。

在第一次调查之时，用随机拣样法，在 76 个财产评价区域之中，选出 15 个区域。所选样子，在全数之中，所占百分数如下。

第一次样子	百分数
纳税人	19.7
收入	20.9
财产	20.9

第二次调查，系将所有财产评价区域分为三组。每组含全体纳税人三分之一。次更将该组纳税人之平均收入求出。最后乃于每组之中，选出五个财产评价区域。其选择之标准有二：（一）各组选出之纳税人，须为该组全体人数五分之一。（二）所选之纳税人，其平均收入，须与该组纳税人之平均收入约相等。

依照此种方法，所选样子，在的全数之中，所占之百分数如下。

第二次样子	百分数
纳税人	20.1
收入	18.9
财产	21.3

此次调查之结果，曾与全体 76 个财产评价区域相比较，其结果如下。

纳税人按照收入大小之分配

收入	76 区域	第一次样子	第二次样子
800~1,000	4.58	5.32	4.76
1,000~1,200	7.38	7.84	7.43
1,200~1,400	8.21	2.51	8.10
1,400~1,600	10.22	10.57	10.71
1,600~1,800	7.56	6.59	7.43
1,800~2,000	6.54	6.08	6.57
2,000~2,500	12.56	12.26	12.15
2,500~3,000	9.09	8.89	8.89
3,000~3,500	7.80	7.82	7.66
3,500~4,000	5.84	5.99	5.84
4,000~4,500	4.58	4.67	4.54
4,500~5,000	2.91	3.01	2.86
5,000~5,500	2.50	2.43	2.60
5,500~6,000	1.60	1.54	1.58
6,000~7,000	2.63	2.59	2.63
7,000~8,000	1.68	1.62	1.72
8,000~9,000	1.13	1.05	1.16
9,000~10,000	0.75	0.71	0.82
10,000~15,000	1.53	1.49	1.59
15,000~20,000	0.43	0.41	0.41
20,000~30,000	0.26	0.31	0.28
30,000 以上	0.22	0.30	0.19
总数	100.0	100.0	100.0

上表说明两次拣样调查之结果均甚良好。而第二次样子之百分

数，与 76 区域之百分数，更形接近。故反对随机拣样法者往往以此为口实。以为随机拣样法反不及随意拣样法之可靠。实则此次被调查之人为纳税人，而此次随机拣样法所选出者，仅为财产评价区域。可见拣选样子之方法早已错误。并非随机拣样法之失败也。

在农业统计上，各国学者亦屡次应用拣样调查法。其最著名者，为马牙博士（Dr.P.Mayet）之调查耕牛。

在佛利堡（Freiburg）及满根姆（Mannheim）共有 52 乡村。此等乡村，共有 1,609 教区。乃将此等教区按照字母之先后列为一表。在每一字母之内，任取若干教区，共选出 60 教区。其选择比例，大约在10 个教区取出一个教区。

此种调查，自一八九六年至一八九九年，共举行四次。吾人试将此四年之全体清查各用 10 除之。而以其商数与拣样调查相比较。其结果如下。①

年限	拣样调查	全体清查（1/10）
1896	445,760	494,116
1897	410,190	442,702
1898	454,264	453,339
1899	520,129	514,393

此次调查，甚为著名。然自吾人观之，尚非十分完美。盖逐年之增减趋势，虽系一律。而增减之大小，殊不一致。此种缺憾，实由于拣选样子之不得法。盖此次拣选样子，虽系按照字母排列之次序。然其拣样并不能确守一定标准。仅于每一字母之中，任意拣选。可见作事近于随便。

丹麦曾二次采用拣样调查法，以调查国内利用土壤之方法。

在第一次调查，从 90 教区之中，共选出 20 教区。其选择方法，

---

① Beitrage Zur Statistik der Staat Mannheim，No. 37, 1917.

系按照字母之次序，将各教区列为一表。每隔三四个号码，选出一个教区。若将所选之教区用地图考体之，则见此等教区并不能均匀地散布于全国之中。若干地方，所选之教区太多。若干地方，所选之教区又太少。

试将此次拣样调查之结果与全体清查之结果两相比较。则见此次调查各项问题之结果，对于全体清查同样各项问题之结果，其所占之百分数，并不一律。可见此次所选之样子，不甚完善。兹举示如下。

农事要项	对于全体清查(所占之百分数)
土地	16.8%
田亩	18.9%
马	28.7%
耕牛	21.7%
乳牛	21.6%
豕	21.9%

第二次拣样调查，系采用随意拣样法。先将各教区土地与田亩之比算出。次再按照各比例之大小，将此 30 教区列为一表。然后斟酌配合，将全表分为四组。每组所包各教区之土地之和，约为全体四分之一。在各组之中，再斟酌配合土地、田亩、马、牛等项之多少，而选出五个教区，以为代表。此五个教区所含之各要项，其大小约为全组五分之一。

此次调查结果之各项，对于全体清查结果之各项，其所占之百分数如下。

农事要项	对于全体清查(所占之百分数)
土地	20.3%
田亩	20.2%

续表

农事要项	对于全体清查(所占之百分数)
马	20.4%
耕牛	20.3%
乳牛	20.0%
豕	20.0%

从上表，可见各个百分数(除去豕)已为渐近的相似。其结果之可靠，不待言喻。故第二次拣样调查，应为可靠者。兹更将各种农产品之亩数，在全体清查，以及第二次样子之中，所占之百分数，比较如下。①

农产品	全体清查	第二次样子
小麦	4.5%	4.1%
灰麦	6.2%	6.8%
大麦	14.0%	14.4%
豆麦	10.0%	10.0%
杂谷	8.3%	8.5%
荞麦	1.2%	0.8%
山薯	12.8%	13.0%
种仔	3.3%	3.4%
荒地	7.7%	8.0%
牧地	28.3%	27.2%
菜园	2.7%	3.8%
总数	100.0%	100.0%

---

① Beitrage Zur Statistik der Staat mennheim, No. 26, 1905.

综观以上所举各种成例。在实行方面，可知拣样调查亦殊可靠。吾故以为中国正不妨试以之研究人口问题。

第三节　拣样调查法与中国人口问题

拣样调查法之理论，及其成功之先例，上节既详言之。今兹所问，厥为如何运用此法，以调查中国人口。

欲作一种调查，先须问调查之问题奚似。拣样调查既不能表示全体之数目，故全国人口之数目，当非吾人所欲知。吾人之所调查，乃在于中国人口之分类，及其变动。此二者，皆可以从样子所显之轻重比例，以推知之也。欲知中国人口之分类。第一当问中国男女之多少。第二当问中国国民年龄之分配。所谓年龄，或系询问已过年龄，或系询问最近年龄，或系将及年龄。然普通皆系询问已过年龄。第三当问中国国民婚姻之情形。例如已婚、未婚、离婚及丧偶之分配。第四当问中国国民之职业。例如职业之种类，本人在职业中之地位等。此四个问题，加以国民之出生地问题。人口统计学家名之为五要项。① 各国在调查户口之时，未有不问及此五项者。盖第一至第四问题所以概括国民之身世。第五问题在中国不甚重要，盖外国侨民之归化者不多，不能成为严重问题。若在外国，则此问题比较的严重矣。

除去上述各问题，更应问及中国国民之教育程度。有若干国家，并未调查此项问题。从生理方法以分析社会，则国民之教育程度当然无须问及。然如欲确知国民之智力，则国民之教育程度必须问及。中国之国民教育，素不普及。国民在政治上、经济上以及其他种种编制上，所能发挥之能力，究竟如何，不可不加以研究。故吾人以为此问殊不可少。此项问题，与人民入校与否之问题不同。此盖询问国民有无识字写信之能力也。关于此点，拣样调查或可优于全国清查。在全国清查之时，所应调查之人数既多，实难一一考验各人之教育。故仅能询问被调查人是否识字，能否写信，而仅凭被调查人之答案，以为

---

① Bisset Smith, G. T., The Census and Some of Its Uses, p. 21.

决定。试举一例言之。按照一九二〇年美国之人口统计。美国全国年龄在十岁以上之国民，未受教育者，共有五百万人，约为全国人民之百分之五。然在美国加入欧战之时，曾将所招兵士之教育程度加以测验。结果共发现兵士百分之十五不能识字写信。此等兵士之年龄，最小者为 18 岁，最大者为 32 岁，且多为纯粹之美国人。若由此推之，美国国民之未受教育者，至少亦须三倍于一九二〇年之人口统计。[1]此种弊端，未必发生于拣样调查之中。盖所选之样子，其数目既小，若派遣调查员从事调查，尽可用简单方法，以考验之也。一九一八年，美国清查局顾问委员会主张利用随机拣样法以考验教育程度之清查统计。可见拣样调查法最宜于此项问题矣。（美国麻沙诸色州（State of Massachusetts）在大选举之时，选举人来报名者，须任意抽出一条宪法，朗诵一过，并解释其意义。借以考验其人之教育程度。吾国亦可采用《建国大纲》。任抽一条。用同样方法，以考验人民之教育程度。）

　　欲考验人类之变动，要当厉行生命注册制度。盖人类之变动，随时可以发生。若非随时登记，日久必有遗忘。美国在一八五〇年至一九〇〇年，亦尝试于每届清查人口之时，附带调查国民之死亡。其结果恒苦不甚完全。有时死亡之岁月错语。有时死亡之事实漏去。至于每年出生之数目，即为调查所得一岁以下之儿童数目。其结果亦发现若干出生未久即已殇札之儿童往往漏去。[2]于此可见，全国清查不足考验人类之变动。虽然，中国犹未推广生命注册制度。若于全国清查时，附带调查之。虽不能使中国国民之出生率与死亡率正确至百分之百，亦足概见中国人类变化之大概情形也。

　　由此可见，拣样调查之中，亦不妨问及中国人类之变动。在各种变动之中，有二种最为重要，是为出生与死亡。是故此次拣样调查，亦不妨问及中国国民本年出生死亡之事实。

---

　　[1]　Ayres, A. L., The War With Germany, passim.

　　[2]　Wilbar, A. L. The Federal Registration Service of The United States：Its Development, Problem and Defects, p. 31.

由此可见，吾人此次调查，共应有七个问题。如下。

(1) 姓名

(2) 在家庭中之地位

(3) 已过年龄及出生年、月、日

(4) 性别

(5) 职业　(甲)职业种类　(乙)雇主或佣人

(6) 教育程度　(甲)能读书否　(乙)能写信否

(7) 婚姻情形(单身、已婚、丧偶、离婚)

此外尚须附加一种死亡调查。所应调查之问题亦极简单。

(1) 姓名

(2) 性别

(3) 婚姻情形

(4) 已过年龄及出生年、月、日

(5) 职业　(甲)职业种类　(乙)雇主或佣人

(6) 死亡日期

以上所举两种格式，可谓简单已极。(通常之死亡注册尚须问及死亡之主因及副因。但死因本难确定。一方面因现代医学尚未登峰造极，难免误诊之事。一方面因种种顾忌，报告者每不能据实呈报。故此问可以暂时略去。)然而人口调查表格之问题本不应过多。此项表格若由被调查者自己填写，其问题之数目，固应甚少。① 即使由调查员代为填写，亦不应罗列多项问题，以致调查员无力料理，驯至发生不正确不完全之答案也。而况问题太多，则问题之说明必将冗长，易使读者厌弃。即在编制者，偶不经心，亦将漏去若干要点，而未能说明。②

调查之问题既定。请进论调查之范围。各国之调查人口，或调查事实的人口，或调查法律的人口。凡调查事实的人口之国家，在调查

---

① Newsholme, A., Vital Statistics, p. 82.

② Publuation of the American Economics Association, New Series, No. 2, 1899, p. 478.

之时，但就各地现居之人口加以调查。至于调查法律的人口之国家，在调查之时，必须调查各地常川居住之人口。在调查之时，所有临时他往之人口，必须加入计算。所有临时旅居该地之人口，必须除去之。

调查事实的人口，其手续，较之调查法律的人口，殊形简单。然其调查之结果，实非该地之实在人口数目。在调查以后，所有该地临时他往之人口，必将陆续归来。所有临时寄居于该地之人口，亦将陆续他往。如此则实在人口必与此次调查之结果不符。甚或至于大相出入。凡欲研究住宅问题、失业问题、职业之分配问题以及其他各种社会问题，皆当以各地常川居住之人口为根据。事实的人口不足据也。而况在宪政国家选举区域之规定，应根据各地常川居住之人口数目。否则各区域所应选出之代表数目，必非真正的公允。然则事实的人口不能作为划分选举区域之根据矣。犹有进者。各国之划分市政府区域，必以人口数目之多寡定之。人口最多者为都会。其次为集镇。再次为乡村。此等划分办法，亦必根据常川居住之人口数目，方可不失真相。此非可取材于事实的人口也。

由此可见，法律的人口最合理论。所可惜者，实际计算之时，困难殊多。其最大困难，则为无法区别临时住址与永久住址。富有之人，每每拥有住宅数区，以供休止。终岁住来于各住宅之间。其行踪至为飘忽。究竟何处为其永久住址？犹有进者，凡属旅行之人，大半转徙无定。有时并其家属亦不能确知其旅居之地址。吾人将用何法以稽考此等临时他往之人？美国与坎拿大之人口统计，皆须为法律的人口。然因此发生许多困难。其解决困难之法，约分二端：（一）选择一适宜之日期。务求多数人民在此时期之内，不致有迁徙、旅行之事。（二）妥筹适宜方法，以调查临时他往之人民。凡居留医院之病人，以及客籍学生，俱不加入于当地人口总数之内。至于监狱中之犯人，则皆加入于当地人口总数之内。又凡驻扎当地之海陆军人，皆另册计算，不得列于当地人口总数之内。① 虽然，此二种方法，仅足减

---

① General Report, Census of Canada, 1901, passim.

少前述之困难，实不能谋一根本之解决方法。总之，法律的人口虽甚合乎理论，实行每多阻碍。

综观上述，欲调查一国之人口，仍以调查事实的人口为限。其调查范围，惟应调查国内之人口。至于海外侨民，俱非所论。

调查之范围既已决定，吾人乃进而讨论拣选样子之方法。拣选样子之法，共分二种：一为随机拣样法。一为随意拣样法。第二节已详言之。自理论言之。欲使样子可靠，当然须以随机拣样法拣选之。故斯堪的纳维亚诸国（Scandinavian Countries）在调查全国情形之时，多半采用随机拣样法。虽然，此三国之国境皆甚小。国内各地，地理上之歧异殊鲜。其国家又皆以农业为主，国内各地之实业，大致相同。故可依照字母之排列，将全国各县列为一表，而任选若干县，以为代表。若在中国，此法未必完全可以通行。中国地跨寒、温、热三带。气候兼具海洋性与大陆性。凡人民所居之地理环境不同，则其风俗、习惯、出生死亡之比率以及所操之职业，等等，亦必彼此不同。次更就经济情形言之。中国之重要工商业，皆在沿海诸省，渐入内地则渐微，浸假乃成为自给之区域。凡人民之经济情形不同，则其社会生活又将互异。以此复杂之地理情形，及经济情形，与上述三国之情形相比较，殆若霄壤。吾人亦可将全国各县列为一表。而以一定比例，于此表之中，每隔若干县，拣选一县，以为代表。次再于每县之中，以一定比例，每隔若干家，拣选一家，而调查之。然在排列各县次序之时，如无意之中，稍有不适当情形，即已违背自然原则。其结果反有不能完全代表之处。故吾人不可墨守随机拣样法以拣选样子。

波莱教授在调查贫乏问题之时，曾慎选若干城市，以代表各种实业之城市。次再以随机拣样法，在每城之中，选出若干家，作为代表。用此方法所选之城市，如能为各种实业城市之允当代表，则其调查结果，亦足为该种实业城市之允当代表。此法虽不综合全国之情形于一个数目之下，然能分别描写全国之情形。若能比较研究之，亦足了然于全国之情形也。中国欲调查人口问题，正不妨略师其意。吾以为第一步应按照地理情形，将中国分为松花江流域、黄河流域、扬子江流域以及珠江流域。次更将每一流域分为沿海区与大陆区。由是中国可得八大区域。第二步再按经济情形，将每一区域分为数种城市。自理论言之，可分五种：第一种为都会。是为各种重要工商业荟萃之所。第二为重镇。或为工业重镇，或为商业重镇，或为政治中心。第三为普通城市。有多种工商业，但并无规模较大者。第四种为腹地。或为农业之中心，或为政治官之所在地。第五种为僻地。以农业为主，而附以小贩及手工业。① 在此五种城市之中，每种城市各选一城，以为代表。然后采用随机拣样法，每隔若干户，选出一家，作为样子。

以上所述拣选各代表县之法，仅为一种原则。至于究竟应选何县，本篇不欲论及。是有待于地理学家之详细斟酌也。此不独此次拣样调查为然，即在通常之全国清查，亦须专聘地理学家为顾问。盖在全国清查之时，须将全国各省之内，划分为若干清查区。每区各置一清查监督，以指导工作之进行。自原则言之。清查区所有之人口，其多少应相差不远。其道路建筑之优劣，以及气候雨量之差异，亦应相差不远。然后各调查区无苦乐之殊。然又须顾及政治区域之境界。此事必须就商于地理学家，方可划分允当。此外如各个调查员之工作地点，或为乡村，或为城市。调查之难易有殊，则其报酬亦异。若欲彻底明了各人工作之难易，亦必就商于地理学家。又如县界、省界、国界之确定，以及各种工作地图之绘制，亦必借助于地理学家也。

虽然，各县样子之大小将何如乎？波莱教授有言："若进行方法正确，所选样子虽小至百分之一，仍应可靠。"此论亦稍危险。从理论言之，进行方法固能完全正确。然在实行之时，经验稍感不足，难免影响正确之程度。故样子之形式，不应过小。然如超过于百分之二十五，则其所费力，将与全体清查不相上下。而样子之变异（Sampling Variance）甚小。是故此次样子不妨暂定为百分之十。其正确程度，可以高于其他较小之样子。而其所费劳力，亦不致过大。他日若继续采用拣样调查法，以研究中国人口问题。不妨选一较大或较

---

① Craig, J. L., Census of Egypt, 1921.

Munro, W. B., Municipal Government and Administration, Vol. I, p. 124.

小之样子，以与此次样子相比较。

欲使样子为全体百分之十，可从全城之中，每隔十家，选出一家，以供调查。其法可按照本县街道详图，任择某地为调查起点。然后专沿街左进行。每隔十个门牌，选出一个门牌。若此门牌不止一户，亦须一律调查。在调查之时，若所选之门牌系空无人居之宅。可以推进一号门牌，以为替代。若仍系空宅，可更推进一号。然必须与调查监督商量妥贴，方可如此。否则无论如何困难，必须设法将应查之门牌调查清楚。待至街左各号调查清楚，再沿左方进至他街。各街之左侧俱已查毕，始可向右转至各街之右侧。

今请进论调查方法。吾人以为中国应采用印度调查法。在调查之时，应由调查员填写报告。盖中国未能普及教育，多数人民恐将不能填写也。调查员但求为通晓文字之人。盖受有统计训练之人不可多得也。调查员之监督，必须极严。每一调查主任所辖之调查员，不可过多。① 俾得全力注意各个调查员。每星期，每一调查员必须与调查主任会商数次，以便将所得结果一再审查。待至清查日（Census day）再将所有结果复查一遍。庶几毫无出入。

于此当讨论清查日矣。人口统计系横的调查。盖欲确知在某一时间之内全国之人口为若何情形。故必选拣某日某时以为标准。待至该时，举行全国清查。凡在该时间之人口，皆应记入。是为清查日之意义。若干国家，（例如瑞士、挪威、战前之德国、奥国、匈牙利，以及瑞典、保加利、比利时）其清查日为固定者。其他国家，其清查日时常移动，务求所定时日能使全国人民大概在家。（然亦有由于其他特别原因者。）例如印度之清查日之决定，系按照三个条件：（1）此次清查，与上次清查之日期距离，须大概为整十年。（2）清查日之夜，自下午七时，至下午十二时，天空须有明月，以便调查员工作。（3）清查日须不在集会或其他香汛时期，庶乎不在家之人不致过多。

---

① W. C. Hunt 极言调查主任所辖调查员过多之害。见"The Scope of the twelve Census", Publication of the American Economic Association, New Series, No. 2.

此三个条件虽为印度之特殊条件，然其他各国之决定清查日，亦大致根据相似之条件。① 美国之清查期限较长。且非仅于清查日清查全国人口。故清查日之作用与他国稍异。盖仅用以折合清查期内之人口也。凡出生于清查日以后之儿童，皆不必加入人口总数。凡死亡于该日以后之人口，则皆应加入人口总数。② 中国既应采用印度调查法，清查日之作用，亦应与普通相类。不必仿照美国。至于清查日之决定，为数学上计算便利之故，当然须在一年之始末，或恰在一年之中。吾以为最佳日期莫过每年元旦之夜。盖农事既已结束，行旅又多归家，且皆安居不出，最宜调查也。

在调查之时，有一事必须讲求。是为免去人民误会之方法。人口统计对于国家社会之关系，每为常人所不了解。若在初次举行调查之时，尤足震惊民众。其第一原因，由于迷信。《旧约》有言，所罗门王尝举行人民调查。其后疫疬流行，人民死亡殆尽。盖上帝既知人民之确数，乃降灾以减少之也。③ 中国之迷信，虽不由于此种传说。然亦深恐因调查而发生不利。此种迷信，必须设法除去。其第二原因，由人民深恐因此增加赋税。此种心理，极为普遍。故每隐匿不报。若不设法除去，亦是进行之障碍也。昔美国第一次调查人口，有若干地方，几肇乱事。而印度在第一次调查之时，屡见殴辱调查员之事。若干省份，甚而至于用兵。此种重大之不幸事件，虽未必发生于中国。然吾人以为欲使此次调查进行顺利，亦不可不设法减轻困难。昔克拉克斯敦教授(Prof. F. E. Croxton)在调查美国俄海俄州劳工状况之时，事先招待报界，俾一致宣传。复于当地各校之中，普遍演讲。更作成种种标语、图画，张贴通衢。此法稍涉张皇。然实为吾国所应取法者也。

调查员之报酬，或为名誉制。例如日本及德国。其奖励仅为特制

① Sydentricker, E., "Population of Foreign Countries", Journal of American Statistical Association, March, 1925, pp. 80-89.

② Wright, C. D., History of the Census, p. 97.

③ Wright, C. D., History of the Census, pp. 1-14.

之奖章。然大多数国家，则皆以金钱为报酬。盖金钱之鼓励人，甚于名誉也。故吾以为此次调查，亦应以金钱为报酬。其支付方法，应为计时制(Fedime System)。每日给以一定金额。通常以为计时制足以引起调查员故意延滞，以求多得报酬。① 然如采用计功制(Piece Work System)以支付报酬，则调查员势必过分工作，以求多查若干份。甚或至于向壁伪造，则其弊又将甚矣。而况吾人既主张严格管理调查员，彼等又何敢故意延滞耶？是故权衡轻重，仍以计时制为宜。

整理统计材料，通常皆乞灵于机器。其节省时间，久为世所公认。虽然，统计机器此时独不宜于中国。最重要之原因，是为价钱昂贵。吾尝估计，若欲购买鲍尔(Power)式统计机器全套，需价美金五千余元②，约为华币二万余元。即使采用万国统计机器公司(International Tabulating Machine Co.)之机器，此种机器不可购买，但可定约出租。③ 古巴之人口统计，即以此种机器整理之。合计所费，每一人口，需美金三分半④，约为华币一角五分。假使调查十万人口，则其整理费用，亦必在一万五千元以上。其费用之昂，可以想见。是故统计机器仅可行于人工昂贵之国。凡国家之工资低下者，若欲采用统计机器，则必多所糜费。俄国及印度之人工皆甚贱。在整理人口调查之时，并皆不用机器。⑤ 非无故也。中国之工资亦甚低下。其情形未尝优于俄国与印度。假使每一书记之月薪为四十元，则十名书记之月薪，当为四百元。通一年计之，其所费当为四千八百元，根

---

① Publication of American Statistical Association, New Series, No. 2, 1899, pp. 429-440.

② 根据 Power Co. 来信所述。

③ 根据 International Tabulating Machina Co. 之合同机本。

④ 见 Census of Cuba, 1920.

⑤ 印度 1881 年及 1891 年之人口统计，皆用传票法(Tick system)整理。先将材料记入总表(Abstract sheet)。次再记入分表(Final sheet)。自 1901 年，始改用人工整理法(slip system)。

俄国虽屡次议用机器。皆以反对而止。见"The Recent Russian Census"，The Annal, 19?1.

据美国麻省人口统计局之工作经验每人每日可以整理二千张卡片。姑
以对折言之，每一书记，每日当可整理一千张卡片。此十名书记之全
年工作成绩，当可整理 3, 650, 000 张卡片。其成绩殊属可观。假使购
买一套鲍尔式之统计机器，其价值已为二万余元。至于特种卡片之购
买、机器之修理、电气之费用，等等，每岁当又非数千元不可。中国
之资金素极缺乏。此种经费当非日前所可筹出也。斟酌情形，吾以为
中国实应采用印度之人工整理法。

　　印度之人工整理法始自 1901 年。此法为德国巴维利亚（Bavaria）
统计局局长梅尔（Gary Von mayr）所首创。1871 年，巴维利亚之人口
统计，即此法整理之，效律极大。其法，先备八种颜色卡片，用以分
别表示男女性别，以及已婚、未婚、鳏、寡及离婚。然后将调查表格
上每一人口之答案记入一张卡片。其记载不以文字，而惟以各种符号
表示之。如下。

卡片式样	符号说明
6. 1. 1	某村某街某户
V	家长
V	生于本地
29	年龄
K	信仰天主教
	开设浴堂　独立营业
B	巴维利亚国籍
M2	二男子
4	四女子
6	家中共六人

　　卡片既已记入。每村之卡片，应归为一类，以便临时点数。[1] 此
种人工分类法，其速度虽不如统计机器，然殊省费。前已言之，依照

----

　　[1]　厄顿吞（W. P. Elderton）以为卡片之右上角应切去，以便计数。（见
Elderton and Fippard, The Constriction of Mortality and Sickness tables, p. 47.）实则
此事毫无关系。

印度之经验。用此法整理材料，每整理一千人口，其整理费用为一先令。其节省殊甚。故印度人口清查委员会委员长盖悌(F. A. Gait)昌言曰："若以人工分类法与机器分类法相比较，机器分类法之速度，仅可较大而已。印度实无改用机器之必要也。"①此种议论，稍嫌偏激。人工分类法若用于较小之调查，其节省实无疑义。此次拣样调查，不妨用之。他日若欲清查全中国之人口，此法未免濡滞，仍应采用大宗统计机器也。

以上所论，仅为拣样调查之大概计划。若夫详细决定应行调查之各县，是有待于地理学家之合作。应行调查之各县既已决定，始可详细估计经费。然无论如何，其经费当远小于全国清查。盖所选之县，至多不过四十余县，而每县仅选该县所有门牌百分之十也。按照各国之办法。清查人口之经费，皆分数次支付：先付预备费，次分期付调查费，次付整理费，次再付出版费。若由此法计算之，此次调查之财政负担，更属渺小矣。虽然，拣样调查仅足为研究中国人口问题之一助而已。若夫长虑却顾，力求完备，仍应厉行人口清查，与夫生命注册。欲厉行此二者，则必设有永久机关。继续办理此事。设立永久机关，其利益有二：(1)行政方针，前后一贯，则前后两次统计，可以比较。(2)每次办理统计之重要人材，可以永久保留，而不致事后分散。昔美国亦无永久统计机关。当时瓦克将军(General F.A.Walker)②以及美国《经济学会》③之所呼号奔走。亦不外此二原因也。中国今日，百端待理。何暇谈及人口统计？"俟河之清，人寿几何?"然则利用拣样调查法以研究中国人口问题，或亦稍慰我辈之渴望乎。

兹举示日本第一次全国清查支付费用之成例，以示各年分担之法。

---

① General Report, Census of India 1911.

② Walker, F. A., Econonuics and Statistics, passim.

③ Publication of America Economic Association, New Series, No. 2 passim.

1918	预备费	94,814
1919	预备费及房屋建筑费	738,838
1920	调查费	2,937,070
1921	整理费	436,900
1922	整理费	317,003
1923	整理费	361,862
1924	整理费	284,222
1925	整理费	137,529
1926	整理费	150,000
1927	整理费	145,666
	总数	5,603,904

附录一　近三十年中拣样调查法之应用

(一)导言

拣样调查法①者，乃按照一定方法自全体之中选出若干事实，以表现全体之情形者也。此种方法完全根据数学原理。兹举一浅近之例言之：假如全体人口之中男女之人数比例为若干，则此全体之代表，其人数虽少，比例仍当大致不差。故拣样调查法可以研究各种统计问题。例如特种人口问题、农业问题以及其他各种社会问题。在调查之时，皆不必在全体之中逐一检查，但须拣出若干样子而调查之。既非逐一检查，故不能求出全体之数目，然其所得结果，大致可以表现全体之情形，此实为一种简便方法。

拣样调查之手续，大概依据二种方法：第一种为机械方法。凡办事方法之不以个人意志为主，而但遵一定之手续，以听自然之机遇者，为机械方法。例如拈阄抽签之类是。第二种为准机械方法。调查者之经验丰富，对于所调查之物，尤能深知，其心冥然合乎自然，则其所选择，恰能代表全体。虽非机械方法，然冥然与之无异，故谓之准机械方法。此第二种方法究为例外，苟非其人，不可尝试。

拣样调查法之由来甚古。在希腊时代，即已为世所知。然其大用于世，则自一八一年始。是年挪威国始以之调查人口，结果甚佳，于是此法始为世所常用。而丹麦、瑞典、挪威三国之统计家尤喜用之。兹将应用拣样调查法之各种实例择要胪陈，而批评其得失如次。

---

① Representative method.

（二）两种类似拣样调查法之局部调查法①

拣样调查法既非调查全体，故为局部调查法之一种。在各种局部调查法之中，有两种每易与拣样调查法相混：一曰询问法②，一曰专查法③。此二种调查法实不足以表现全体之情形。在未讨论拣样调查法之时，宜先将此两种局部调查法之实例叙述，以免与拣样调查法之实例相混。

询问法者，根据个人之主观与假定，在某一地方任选若干人而询问之，以推知该地之情形者也。在十九世纪之中，法国统计家喜用此法。近三十年中，此例已不多见。兹姑举下例，以备一格。

中国邮局，每年发表一中国人口估计。其估计方法，系征求各县县长对于各该县人口数目之意见，而汇集之，作为全国之人口总数。④此项调查，并非根据何种数学原理，不过假设各县县长确知各县人口之数，将各县所报告之人数综合，遂成为全国人口之数。至于各县县长是否确知该县人口之数目，以及此等报告是否不至出于虚应故事或任意浮报，均非所问。且抽查法不能求出全体所含之数目，此则专以求出全体之数目为目的，此亦其异于抽查法之处。

专查法之应用，由来已久，今日犹多用之，其法，假定某一地方足以表现全国之情形，于是在该地方作一精密调查，例如逐户调查之类，更进一步断定凡足以发生该地之情形皆足以发生于全国。

近三十年中，此例甚多，略举数则如下：

美国爱尔教授受西阿利根州教会之委托，调查西阿利根之农村生活，遂选择雷因区以为详细调查之所。其言曰，"雷因区者，西阿利根州农村之特区代表也"。⑤

---

①　Method of partial investigation.

②　Inquiry method.

③　Monogrophic method.

④　根据北京邮局来信。

⑤　Ayer, F. C. and Morse H. N. A. Rural Survey of Lane County, Oregon, p. 3.

拙诗娄君欲调查美国各种族间通婚之结果，乃专就纽约市调查。其意亦以为"纽约市之情形足以代表美国各大市镇之情形"。①

发斯特博士之调查美国依利诺州怀德区之卫生情形也，亦曰，"怀德区之卫生情形，不惟足以代表依利诺州，兼足代表各邻州"。②

费尔柴德教授之调查牛海文市之工业情形，仅就该市之一区调查之。以为该区足以代表全市。③

威尔逊与费尔敦之调查俄海俄州农村生活，亦仅就格林区调查之，且备述格林区之足以代表全州。④

美国劳工统计局⑤及坎拿大统计局⑥亦尝以此法调查工人生活。

此外例证尚多，大抵皆为近年所举行之社会调查及卫生调查。

专查法与抽查法不同。其所求者，仅欲以一特别地方表现全体之情形。在静止社会之中，各事皆保持不动的状态，尚可将各种社会事件之属于同一情形者依照事件之大小列为一表，因以寻出一种特别事件，用以代表全体。在普通所见之活动社会，各种社会关系，变化复杂，如何可以一地代表全体？更进一步言之，即在静止社会之中，欲知各种事件之大小，亦必先将全体逐一调查，岂可但凭一己之主观见解，仓卒决定之。

自严格言之，询问法与专查法皆不能谓为统计方法。统计方法应根据于数学原理，否则失却统计之真义矣。

近日美国《文学含英》杂志社⑦曾调查仓斯维⑧及其他三十六美国市镇，以研究电话之敷设对于人民购买力之关系。在调查之时，兼用

① Drachsler, Julius, Intermarriage in New York City , pp. 19-20.
② Foster, L. H. and Fulber Harriet, A Health Survey of White County, Illinois, pp. 4-5.
③ Fairchild, H. D. An Industrial Survey of a New Haven District. 8. 3.
④ Wilson, W. H. and Felton, R. A., Ohis Rural Survey 8. 5.
⑤ U. S. Bureau of Labor Statistics.
⑥ Canadian Dominion Bureau of Statistics.
⑦ The Literary Digest.
⑧ Zanesville.

专查法与抽查法。此实为一种过渡的调查法。其运用颇有趣味，兹略述之如下：

此次调查，系分遣素有经验之调查员，亲赴三十七美国市镇，调查居户。就中仓斯维市，系用逐户调查，盖著者深信该市乃"平均之美国市镇"也。① 然而"平均之市镇"究不能完全代表美国，此种足以代表全国之特别市镇无法可以求得，于是专就仓斯维市镇逐户调查，更于其他三十六市镇中，按照机械方法，拣选若干户而调查之，然后比较此两种结果，以求全体之大概情形。在第二次所选之三十六市镇，大小不同，经济之状况亦不同，务求足以代表美国各种市镇。②

此种调查法，参合拣样调查法与非拣样调查法，实为一种过渡方法。其用意在于用专查法以调查一特别市镇，而另以拣样调查法另查若干市镇，以作比较。盖专查法之弱点早已暴露于调查者之胸中，彼亦知各市镇之状况千变万化，无从觅得特别市镇，以代表全体，然犹恋此鸡肋，不肯舍去，故欲以拣样调查法之结果与专查法之结果相比较。在著者以为兼采众长，实则犹徘徊于二种方法之间也。

兹再进论此次拣样调查之手续，及其方法之优劣。

此次拣样调查，遍查全美情形，凡经著者认为足以代表美国一种情形之市镇，皆经采入调查范围。在每一市镇之中，按照机械方法，拣选若干户而调查之，惟对于不甚繁盛之区则少拣若干户。每一市所拣选之户数皆由临时酌定，务求足以代表该市镇。③

此次拣样调查有数种缺憾：第一，在于违反拣样调查法之原理。拣样调查法之要点在于使全体之中皆有相等机会可被选为代表，不可妄以意为取舍。此次拣样调查既系用机械方法，在每一市镇之中，任选若干户，又在每市不甚繁盛之区少选若干户，可见并非完全依照拣样调查法之原理。其第二缺憾在于所选户数不能适宜。大抵每一地方

---

① Average American City.

② Zanesville and 36 other American Cities, The Literary Digest, 19?7, pp. 6-5.

③ 见原书 pp. 25-?7.

应查之户数，应由调查者预先定一比例率，以为标准。每一市镇之中，应拣选百分之几，皆当先事规定。若漫无标准，全凭临时决定，则仓卒所选，必不适宜。

(三) 用拣样调查法研究人口问题

关于调查人口问题之方法，可分三种：第一种用逐户调查法，以考知全国人口之确数，以及人口之分配，例如男女、年龄、职业、教育等项。第二种用注册法，以考知人事之变迁，例如出生、死亡、疾病、结婚、离婚等项。第三种用拣样调查法，或详查法，以考知其他人口问题。此种调查，各国偶一为之，亦不能将此类问题研究净尽也。

从统计学原理解之，除户口之确数以外，各种人口问题，皆可以拣样调查法研究之。盖户口之确数不能以数学方法推测之，故必有赖于逐户点计，至于人口之分配，以及出生死亡等项之比率，原系一种比例率，不难以数学方法推定之。若方法正确，则拣样调查之结果必不至相差甚远。至于第三种人口问题，亦可化作各种比例率，例如全国识字之人数、失业工人之数目，皆可以百分数表示之也。

兹择举数例，并批评之如下：

挪威国在一八九一年所造之人口统计，并未逐户调查，仅于全国之中，选出若干市乡，以为代表。更于每一市乡之中，仅选出人民之年在十七、二十二、二十七等等者（彼此之间，相隔五岁）。在此等相隔五岁之人民中，更加一层简便办法，仅选人民姓氏之第一字母为A，C，E等字母者。[1]

此次拣样调查，实为第一次举行者。其选择各市乡也。全凭主持调查之事者之经验与判断。至于各市乡所选出之人民，则全凭机械方法抽选之。此次调查结果，据云甚属满意。然其选择各市乡也，所用方法，殊属危险。主持调查之事者之经验与判断，如确系可靠，则所选之市乡足以代表全国，否则必有违背实在情形之处。

---

[1] Chapin F. S. Field Work and Social Research.

一九〇六年，希考德为德国漫罕邦造一人口统计。全邦共分为一千〇八十一统计区域，大小不等。次将此等区域列为一表。更按照表中次序之先后，将所有区域分为十大团体。在第一团体中，将所有一数之区域（例如一、十一、二十一等等）抽出。余可类推。于是在此十大团体中，每一团体仅选出一〇八区域，更用此方法复选一次，于是每一团体仅选出十一区域，或一〇区域。①

此次之拣样调查，其可靠与否，全视划分人口统计区域之是否得当。

丹麦国曾于一九二一年调查马力波郡各乡村之人口分配。其拣选样子之手续，全凭机械方法。先将全郡各教区编为一表。然后每隔二区，拣出一区，以为代表。于是将此等教区中人口之年龄及性别逐户调查。② 在此次调查之后，又将全体逐户调查两次，结果大致相同。

以上各列，系研究人口之分配者。

荷兰国曾用拣样调查法，调查该国之死亡率，及死亡之原因。然因拣选之户数太少，其结果殊不满意。③

丹麦国曾用拣选调查法，研究该国一八九〇至一八九四年各乡村之结婚、出生与死亡。先将全国十七郡所辖之各区列为一表。然后将每郡之第一区选出，以为代表。此次调查结果，曾与十七郡之详细人口统计相比较，其结果大致相似，惜私生子之比例率，不能于此次拣样调查中表现清楚耳。④

此次拣样调查，纯用机械方法拣选代表，故其结果不致大误。

一八九一至一八九九年之间，荷兰国曾屡用拣样调查法，以调查财富之分配、死亡率及婴儿殇亡率。其拣选方法，系就全国之中，精

---

① Schott, Sigmond, Das Stachprobenverfahren in der Stadtestatistik, Mannheim.

② 同上（merebs）。

③ Jensen, A, "The Representative Method in Practice", Bullelin de L'institut internat onale de Statistique Vol. XII.

④ Jensen, A, "The Representative Method in Practice", Bullelin de L'institut internat onale de Statistique Vol. XII.

选若干市乡，以为代表。①

此次调查结果曾与后来所造之人口统计相比较，其结果尚归一致。虽然，此种拣样方法实属危险。若主持调查之事者无甚深之经验与技能，则所选之代表往往不足以代表全国。

英国近曾调查流行感冒症在伦敦之影响。亦系就伦敦人口中，用机械方法，选出若干，以供调查。在调查之时，如值该户无人在家，则调查员即以邻近一家代表之。②

此次调查之失败，全由调查员之不尽职。在调查之时，如值应被调查之户无人在家，必须改期再往调查，否则纯用左邻代表之，或纯用右邻代表之亦可，以减少错误之程度。

以上各例，系研究人事变迁者。

此外尚有各种与人口问题有关系之统计，亦可以拣样调查法搜集之。

汤卜生教授曾用拣样调查法调查美国各大学学生家庭之大小。其材料系从美国中部及南部搜集者。先将此种调查表格分送各大学社会学教授，请转令当时选习社会学之学生填写之。③

此次调查，一望而知为不可靠。调查者之原意，本欲研究美国各大学学生家庭之大小，而取材仅及于美国之中部，及南部。又不能从各校全体学生之中，拣选若干学生，而仅从社会学班上调查，如此调查，与原意相去，奚止万丈。

威斯康新大学洛士教授，曾调查美国家庭大小之变迁。其材料系从威校学生方面搜集。先将该大学学生选出一部分。其被选之资格，为三代皆系美国土著。将调查表格分给此等学生，令彼等分寄归家，转请父母填写，并请各该父母，另代各学生之祖父母，及已婚之伯、叔、姑、姨填写。祖父母之家庭，代表过去时代。其他各人之家庭，

①　Chapin F. S. Field work.

②　Hilton, J. "Enquiry by Sample" Jour, Roy, Stat Soc. 1924.

③　Thompson, W. S. "Size of Familes from which College Students Come, Journal of American Statistical Association", 19?5, p. 481.

则代表现在时代。此等学生父母之住址，为洛士教授所已知。合计，各生父母，约占代表现在时代者六分之一。在六分之一之中，居于威斯康新州者，为百分之三十六，居于中美，或西美者，为百分之七十八。①

此次调查，亦不足以达到调查者之原意。洛士教授意在调查全美，然其取材仅及于威斯康新大学之学生，是乌乎可。

据洛士教授言，"此次调查，至少足以代表中美及西美"②。然洛士教授仅知代表现在时代者之六分之一。在此六分之一之中，又仅有百分之七十八，居于中美及西美。其余各人之住址，皆为洛士教授所不知，何从知其足以代表中美及西美哉。

一九二四年，翁尔敦君曾用拣样调查法，研究英国失业者之状况。其调查方法，系分请英国各职业介绍所担任。在每职业介绍所中，拣选在该所挂号者之百分之一，而调查之。为便利起见，对于此固定之比例率，亦不妨稍有出入。拣样之时，纯用机械方法。在第一职业介绍所中，如自第一号为始，向下拣选，则在第二职业介绍所中，当自第二号为始。务使各职业介绍所，不于同一号码之中，开始拣选。拣选既定。将被选者之姓名张贴于招待处，令被选者于下次到所之时，谒见所中重要职员，以便当面询问。然有时被选者中途觅得职业，则下次不能再到职业介绍所。此时当就被选者之上方（或下方）相邻之五号中，择其下次最先到所者调查之。

此次拣样调查，曾与同年其他两次拣样调查相比较。此两次拣样调查，系按照两种比例，拣选代表。一次系就每一介绍所中，拣选百分之三十三。一次系拣选百分之十。然此三次拣样调查之结果，相差无几。③

---

① Bater, R. E. and Ross, E. A. Changes in The Size of American Families in One Generation , pp. 4-12.

② 厚书 p. 15.

③ Hilton, John, "Enquiry by Sample: An Experiment and its Results", Journal of Royal Statistical Society, 1924.

此次拣样调查，证明所拣选之人数虽少，亦足以作成良好之结果。此种证明，对于拣样调查法，有一极大之贡献。从此可知，选出之代表，贵乎确能代表全体之情形，不关系于人数之多少也。①

虽然，此次拣样调查，亦有弱点。凡在拣选样子之时，必须令全体皆有被选之机会。欲严守此例，则必确定一比例率，以为拣选之标准，不可稍事更改，若比例率乱，则选择之标准乱矣。此次调查，不能确守一定比例率，以拣选代表，实为一危险之事。更论及此次另选代表之手续。亦有可议之处。被选者中途觅得职业，不能再到职业介绍所，此乃难免之事。然亦只能就最小范围之内，另选代表。若于被选者上方(或下方)相邻之五号中，另选代表，则另选之范围太大，另选之人，每易与原选之人相差太远。最妥之法，莫若专就上方(或下方)相邻之一二号中，另选代表，则相差不至离奇。

克拉克斯敦教授，曾在俄海俄州哥伦布城，调查失业之原因。其法系先就该城选出三区，以为全城之代表。然后令学生在此三区之中，逐户调查。同时并令报纸极力宣传，俾此三区人民了解此次调查之意义，以免临时滥费唇舌。调查之表格，力求简单，并不填记被调查者之姓名，务使彼等不惮据实相告。所有调查规则，附记于调查表格之上。此外并另开一详细指南，分给各学生，以便指导彼等工作。在调查之时，如值被调查者因事外出，须另择一日，前往补查，不可稍有遗漏。此等已经填写之表格，须经过详细审查，如有漏填之处，应令原调查人复查之。② 此次拣样调查，殊属审慎。办理手续，均称稳当。惟拣选代表之手续，未尝公布，不知是否可靠。

一九〇四年，匈加利国曾调查二件事实。第一，每一人民对于现在所操之业，究已操作若干时日。第二，每一人民，对于现在所居之宅，究已寄居若干时日。其调查方法，系就全国之中，选出若干市

① Croxton, F. E. and Mask, M. L. —"Unemployment Survey in Columbero, Ohis", Labor Monthly Review, April, 19?2, pp. 14-23.

② Croxton, F. E. and Mask, M. L. —"Unemployment Survey in Columbero, Ohis", Labor Monthly Review, April, 19?2, pp. 14-23.

镇，以为代表。然后专就此等市镇，详细调查。为考察此次结果起
见，在此次表格之中，特设一项问题。此项问题曾经全部调查两次，
其答案与拣样调查完全一致，因以证明此次拣样调查之可靠。①

此次拣样调查，亦专凭主持其事者之意见，以选定代表，其法至
为危险。虽然，此次拣样调查，有一优点。普通方法，欲证明拣样调
查之结果，则必以之与全部调查相比较，或另用他种手续，再作数次
拣样调查，以为比较。此次调查，则但就一项问题，使拣样调查与全
部调查相比较，实为一种新方法。

金教授曾调查美国工人之工作时间及收入。先将调查表格分寄与
工人及佣主，令彼等分别填写。实际上多由佣主填写。不过此等佣主
亦未必人人乐于填写，仅有一部分佣主将表格填就寄回。其余则置之
未复。于是此次调查，仅能于每业之中获得一部分材料，以为代表。
在建筑业，以及小规模之矿业、交通事业、金融事业等，所得材料太
少，不足代表。在各种大规模事业，所获材料甚多，足合代表
资格。②

此次金教授对于"代表"二字颇有误会。代表云者，以其能代表
全体也。所获之材料，如能代表全体，虽少何害，如不能代表全体，
虽多，亦奚以为？金教授不从材料之性质着想。但以材料之多少，断
定其足为代表与否，可谓因果倒置者矣。

美国劳工统计局，曾调查纽约失业者之状况。其法系就纽约全市
选出一〇四区，以代表纽约人口分配之情形。然后在此等区中，逐户
详查，以求翔实。在此次调查之外，更于全市之中，调查三七〇三
户，以作比较。③

纽约州曾用拣样调查法，调查该州工佣之状况。其所用以代表全
州之各工厂，亦系按照主持调查之事者之意见，在全州之中选择，务

---

① Jenson, R. "Representative Method".

② King, W. I. Employment, Hours and Earnings in Prosperety and
Depression, pp. 9-21.

③ Bulletin No. 324, U. S. Bureau of Labor Statistics.

使足以代表各地及各业之情形。①

美国劳工统计局，曾用拣样调查法，调查全国工资之分配。先就原有之全国清查统计，研究之，以求得各州之实业情形。并将各种工厂指南，以及关于工厂之各种书报，详细研究，以资印证。然后根据此等经验，在每州之中，选出若干重要之工厂，及其工人，以供调查。关于其他不甚重要之工厂，亦选出若干。②

以上所举三例，均系专凭调查者之意见，以选代表。第三例所述之选择方法，较为稳妥，亦足以资参考。

波莱教授曾两度用拣样调查法，以调查英国之贫乏问题。第一次仅调查四城。此四城之人口，最多者为十五万。最少者为一万五千。离定③及华林屯④，代表工业荟萃之区。拿山屯⑤及史丹里⑥则代表特殊工业之区(例如拿山屯之特殊工业为制鞋工业，史丹里之特殊工业为煤矿)。其选择方法，系按照一定比例，用机械方法，在各城中抽选之。在拿山屯，系从二十三户中，选出一户，以供调查。在华林屯，系从十九户中，选出一户。在史丹里，系从十七户中，选出一户，在离定，系从二十一户中，选出一户。⑦

一九二四年，波莱教授复作第二次调查。此次共调查五城。其选出之比例如下：在拿山屯，系从十七户中，选出一户。在华林屯，系从十三户中，选出一户。在离定，系从十八户中，选出一户。在波尔屯⑧，系从三十六户中，选出一户。在史丹里，系从八户中，选出一

---

① The cause of Emyloyment in the New York State, pp. 1-5.
② Bulletin No. 3?6. U. S. Bureau of Labor Statistics.
③ Reading.
④ Warrington.
⑤ Northamption.
⑥ Stanley.
⑦ Bowley, A. L. Livelihood and Poverty.
⑧ Bulton.

户。在调查之时，如选定之户他适，即以其左邻代之。①

此二次调查，皆系从全体之中，慎选数城，以为代表。再从此等城中，用机械方法，选出若干户，以为代表。一切手续，殊为审慎。

德国古籐堡②，曾于一九一一年，及一九二一年，用拣样调查法，调查全邦中等人家之住宅情形。先将全邦之住宅，列为一表，并将每一住宅中，房间之数目，记明。次将各住宅房间数目之在三个以下者，分别记于纸阄之上。将此等纸阄，置于器皿之中，并混乱之，然后逐一抽出。抽出之纸阄，约当全体纸阄之五分之一。此等住宅既已选定，乃遣人分往调查。苟无不得已情形，决不将选定之住宅漏查一二号。③ 此次拣样调查，纯凭机械方法，以选定代表，其手续殊属稳妥。

一九〇〇年，挪威国曾举行人口调查。调查完毕后，又欲调查家庭之大小及其组织之份子、家长之职业，以及家中各人年龄与性别等。此时方将人口调查办理完竣，势不能再作一次详细调查。因决定采用拣样调查法，以研究之。其所用以代表全国者，系用机械方法，从全国家庭中，逐一选出。此次拣样调查之结果，对于全国男女之比例，以及人民年龄之分配，均有记载。其所记载，与人口调查之结果，完全相同。④

美国宾夕佛尼亚州，苏母斯德市⑤，曾调查工人之生活程度。其调查方法，亦系拣样调查法。在全市之中，共选出九十个工人家庭。以供调查。此九十家，恰能代表全市工资之分配。在调查之时，极力注意工人之不良生活，以求恰能代表仅足糊口之工人。关于管理家庭财政之方法，以及购买货物之折扣方法，每为调查者所不注意，此次

---

① Bowley, A. L. and Hogg, M. H. Has Poverty Diminished?

② Gontemturg.

③ Jensen, A., "The Representative Method in Practice".

④ Familie housheldungemes Samanensating, Norges officialle Statistic, Series IV. No. 82.

⑤ Somestead, pennsylvania.

调查亦与以相当之注意。如工人中有不知记账者，则逐日或间日使人代之记账。①

此次拣样调查，与通常所见者不同。盖通常拣样调查，仅为临时调查，此次则为长久精密之研究，此实为一例外。虽然，欲调查生活程度，非经过长期调查，实属无从确定也。

在欧战以前，俄国曾调查农村经济情形。在全国之中，精选若干农户，以为代表。在每一农村之中，复精选若干户，以为代表。在调查之时，如值该户无人在家，则调查员任择一邻近之家，以为代表。②

此次拣样调查，其拣选代表，完全根据主持其事者之主张。此法至为危险，前已屡言之。然其最大弊病，则在于不能确守原定之计划。此种拣样调查，直可谥之曰乱查。

奥国近曾调查奥匈帝国在欧战中战死者之年龄，及其所属之种族。其法系将欧战分为八个时期，在每一时期中，将战死者选十分之一，以供研究。（关于战死者之名册，系从陆军部得来。）其选择之法，系用机械方法拣选之。此次拣样调查之结果，与陆军部之详细统计，完全相同。③

朱君毅博士，曾调查中国留美学生之学业成绩，领袖才干，以及中英文之程度。其调查方法，仅就当时留美学生，调查六六四人。④

此次调查，所选材料，未免太少。中国留美学生，前后何止万人。欲调查此等问题，应就前后留美学生，选出代表。岂可但就当时留美之学生调查？此等弊病，与前文所论汤卜生教授，及洛士教授之调查，同蹈一辙。

丹麦国曾用两种拣样调查法，调查全国纳税者财富之分配。第一种拣样调查法，系用机械方法，就全国七十六郡之中，选出十五郡，

---

① Chapin, R. F. Field Work.

② Jensen, A., "The Representative Method in Practice".

③ Jensen, A., "The Representative Method in Practice".

④ Chu, Dr. J. P. Chinese Students in American.

以为代表。第二种拣样调查法，系按照此七十六郡之富力，次第列为一表，将全表分为三段，每段选出五郡。其选择标准有二：第一，此五郡之纳税人，须为全段所有纳税人之五分之一。第二，此五郡之纳税人之平均财产，须与全段所有纳税人之平均财产相似。在此二种拣样调查之前，另有一次逐户调查。此三次调查之结果如下：

纳税人财富之分配（百分率）

收　入	逐户详查	第一次抽查	第二次抽查
800~1,000KT	4.58	5.32	4.76
1,000~1,200	7.38	7.84	7.43
1,200~1,400	8.21	8.51	8.10
1,400~1,600	10.22	10.57	10.71
1,600~1,800	7.56	6.59	7.43
1,800~2,000	6.54	6.08	6.57
2,000~2,500	12.56	12.26	12.15
2,500~3,000	9.09	8.89	8.89
3,000~3,500	7.08	7.82	7.66
3,500~4,000	5.84	5.99	5.84
4,000~4,500	4.58	4.67	4.54
4,500~5,000	2.91	3.01	2.86
5,000~5,500	2.50	2.43	2.60
5,500~6,000	1.60	1.54	1.58
6,000~7,000	2.63	2.59	2.63
7,000~8,000	1.68	1.63	1.72
8,000~9,000	1.13	1.05	1.16

续表

收 入	逐户详查	第一次抽查	第二次抽查
9,000~10,000	0.75	0.71	0.82
10,000~15,000	1.53	1.49	1.59
15,000~20,000	0.43	0.41	0.44
20,000~30,000	0.26	0.31	0.28
30,000 以上	0.22	0.30	0.19
	100.00	100.00	100.00

从上列之表观之。第一次拣样调查之结果，与全体逐户调查之结果，颇为吻合，惜首尾两端稍有出入耳。至于第二次调查之结果，则毫无此弊。[1] 可知用机械方法所选之代表，有时反不及调查者精选之代表。然此特例外之事耳。自数学原理言之，拣样调查之结果，恒有误差，[2] 如调查者之经验丰富，对于所应调查之事，又能真知灼见，则其所选者，颇能表现实在之情形，其误差有时或较机械方法之误差为小。如调查者之经验学识不足，则其所精选之代表，皆出于个人之偏见，未必真能表现实在之情形，不如遵守机械方法，所有代表之被选，一一本于自然机遇，尚可大体不致失败。

美国麻沙朱色州，近曾调查该州人民在六十五岁以上者之财产。先按照调查者之意见，选出若干地方，务求足以代表市镇、乡村，以及工业、商业等情形。在每一地方，将人民之年在六十五岁以上者，按照姓氏之第一字母，列为一表。在此表中，每隔二人，或四人，选出一人，以供调查。此次调查之结果，尚未宣布。[3]

以上各例，系研究人口问题中杂项问题者。

---

[1] Jensen, A. "The Representative Method in Practice".

[2] Probable error.

[3] 据 Prof. W. M. Persons 所告。

此外更有一有趣味之研究，是为利用拣样调查法，以考核调查员之工作。

克芮格①近正为埃及造一人口统计。此为埃及之第一次人口统计。因不知调查员之工作是否可靠。更用机械方法，在全国之中，任选十城，复于全体调查员之中，选出最干练者十人，令彼等复查此十城。俟复查完竣后，拟将复查之结果，与第一次调查该十城时所得之结果相比较。此项结果，尚未宣布。②

(四) 用拣样调查法调查农业问题与杂项问题

拣样调查法之最大用途，在于研究人口问题。然亦常用以研究他种问题。

奥国统计局，曾调查全国农作物。先在全国四百六十四郡之中，选出十二郡。此十二郡中，共有四四七七三农庄。按照农庄之大小，分为九类。然后将每类之农庄，逐亩调查。③

此次调查，据云毫无结果。其重要原因，在于拣选代表之不合法。其所选之十二邑，是否足以代表全国，殊不可知，宜其失败也。自实际言之，此次拣样调查之手续，全属自寻多事。在拣选代表之时，何妨即将全国农村分为九类，然后根据一定之比例，在每类之中用机械方法，选出若干农庄。

丹麦国曾两度用拣选调查法，以调查卜来斯脱区④之农田耕作情形。第一次拣样调查，系用机械方法，在每区之中，选出十二教区，以供调查。然此等教区之划分，本属漫无标准。各教区农田之多少，毫不一致。故所选之教区，殊不足以代表一切。第二次拣样调查，改由调查者按照各教区农田之多少，将所有教区，分为四类，务使每类之农田，恰为全体农田之四分之一。再从每类所选之教区中，选出五

---

① J. M. Craig.
② 据 Prof. W. M. Persons 所告及 J. M. Craig 来信。
③ Jensen, A., "The Representative Method in Practice".
④ Prasto county.

个教区，务使此五个教区之农田，恰为全类之五分之一。然后将所选之二十教区，逐亩详查。此第二次拣选调查之手续，甚为复杂，然其结果，据云甚为满意。①

以上各例，系关于农业统计者。

瑞典曾用拣样调查法调查酒精之销路。凡贩酒之商，如有零售执照，对于顾客，皆有存账。此种存账，在全国约有六十万本。在此六十万本账簿之中，选出四万五千本，约当全体之八分之一。其调查之标准如下：凡大公司之零售店，皆须调查。凡属于中等公司之贩卖区域，仅择其中数地，用以代表该区域。凡属于小公司之顾客，皆须调查。②

此次调查，不知结果如何，然其手续太复杂，恐不易得有良好之结果。

纽约市政府，曾用拣样调查法，调查所购之煤之品质。如所购之煤业已起卸，或仍在煤船、煤车之上，则从此项煤堆之上部、中间以及近底之处，抽取数块，以作代表。如所购之煤正由铁槽之中向外起卸，则每隔一定时间，由铁槽中取出一块，以作代表。所有代表，皆当妥为保存，不使沾有潮气，以免失去原来之质地。所选代表之多少，完全以所购之多少为准。③ 此次抽查手续，殊属审慎。

以上各例，皆系杂项问题。

(五) 结论

本篇所举五十余例，或为成功，或为失败。其失败之原因，或由于拣选样子之手续不合，或由于调查员之不称职，至于拣样调查法之本身，固不能任咎也。兹节译哲宾教授所主张之拣样手续，以供参考，即以结束本篇。

---

① Prasto county.

② Schatt, A. L. Statistik.

③ Bureau of Economy and Efficiency, City of New York, Department of Water Supply, Gas and Electricity, Bulletin No. 2, pp. 27-?9.

(一)调查者如已深知所应研究者之内容：

(甲)所选代表，应能代表全体之各种性质。

(乙)所选代表之数目，最少应能包括全体各种性质，最多须以不碍办事者之效率为标准。

(丙)选择之时，须将全体之各种性质，分析清楚。如某种性质过于复杂，并须另分数层，各选相当之代表。至所选代表之多少，应与所代表之性质之重要程度相符。

(二)调查者如未深知所应研究者之内容：

(甲)应连作几次拣样调查，每次所选之代表，逐渐加多，以便比较，然最多之时，须以不碍办事者之效率为标准。

(乙)拣样调查之事，继续进行，直至最后数次之结果大致相同为止。①

---

① Chapin, F. S., Field Work and Social Research, p. 217.

附录二

户口调查统计报告规则附表式

一九一七年七月十九日国民政府内政部部令公布

第一条 户口调查表计分四种，于未施行自治规章之省市适用之。户口统计表计分三种，于各省市一律适用之。

第二条 已施行自治规章之省份，其原有户口表册所记载事项，如少于部颁统计表应填之项目，应逐款补行调查。

第三条 户口统计表，在县，由县政府据各区报告编制。在市，由市政府据公安局报告编制。在特别市，由特别市政府据公安局报告编制。

县、市政府编制之户口统计表，应送由该管民政厅汇齐编制后，报由内政部备案。

特别市政府编制之户口统计表，应径报内政部备案。

第四条 户口调查表，除已施行自治规章之省份不适用外，余由各市县政府督率各公安局分区调查办理。未设公安局地方，由该管地方官署遴员办理。

第五条 分区调查办法，除已施行自治规章之省份，依其自治区划办理外，余均依警区办理。未设警区地方，由该管地方官署，就保卫团区，或原有习惯，划分之。

第六条 户口统计第一二两表，每年造报一次。户口变动统计表，每月造报一次。

232

第七条 户口调查表，由原调查机关装订成帙。妥为保存。

第八条 本规则自公布日施行。

县治户口编查规则，及警察厅户口调查规则中所附之调查册表格式，于本规则施行后废止之。

 户口调查表（一）、（二）、（三）、（四）
某区县省市户口统计表一、二
调查员逐日工作报告总表

户　籍　法

一九二○年十二月十二日公布

第一章　总则

第一条　关于户籍及人事之登记，依本法之规定。

第二条　户籍之籍别，以县、市为单位。

第三条　户籍及人事之登记，以县之乡镇区域，及市之坊区域，为其管辖区域。

第四条　中华民国人民，依下列之规定，定其户籍：

一　在一县，或一市区域内，有住所三年以上，而在他县市内，无本籍者，以该县或市为本籍。

二　子女除别有本籍者外，以其父母之本籍为本籍。

三　弃儿父母无可考者，以发现人报告地为本籍。

四　妻以夫之本籍为本籍。赘夫以妻之本籍为本籍。

一人不得同时有两本籍。

第五条　已有本籍，而在他县市内有住所或居所，满六个月者，以该县或市，为其寄籍。无本籍，或本籍不明，而在一县市内，有住所或居所，未满六个月者，亦同。

一人不得同时有两寄籍。

第六条　无中华民国国籍者，不得于中华民国领域内设定本籍。其在中华民国之县、市内，有住所或居所，满六个月以上者，以该县或市为其寄留地。

本法关于寄籍之规定，于寄留地准用之。

第七条　陆上无住所、居所，而在船舶上住居者，以船舶之常泊地为其住所、居所所在地。

第八条　户籍之编造，以一家为一户。虽属一家而异居者，各为一户。

僧、道或其他宗教徒，所住之寺院，以一寺院为一户。寺院之主管人，在本法上之地位，与家长同。

第九条　无本籍，或本籍不明，而在同一救济机关留养者，合编为一户。该机关之管理人，在本法上之地位，与家长同。

第十条　每户籍管辖区域，设户籍主任一人，户籍员若干人，掌理户籍及人事登记事务。于乡镇公所或坊公所内，办理之。

户籍主任由乡长、镇长或坊长兼任之。户籍员由乡镇长或坊长，指定所属自治人员兼任之。

第十一条　户籍主任、户籍员，关于本人，或与本人同属一家之人之户籍，及人事登记事件，不得执行其职务。应由他户籍员之年长者为之。

第十二条　户籍主任或户籍员，于执行职务，因故意，或重大过失，致声请人或其他关系人受损害时，应负赔偿之责。

第十三条　户籍及人事登记事务，以乡镇公所或坊公所，所属之县市政府为直接监督官署。

区长有襄助县长或市长，指导区内各乡镇或各坊，办理户籍及人事登记事务之责任。

第十四条　户籍主任应依据户籍登记簿、人事登记簿，分别编造下列各项统计季报及统计年报，呈送监督官署：

一　本籍及寄籍、户数、人口性别、年龄统计。

二　出生之男女及其父母年龄、职业统计。

三　死亡之男女及其年龄、职业与死亡原因统计。

四　死产及其性别与死产原因统计。

五　结婚与离婚之男女及其年龄、职业统计。

六　男女之职业统计。

七　宣告死亡事件统计。

八　户籍变更事件统计。

九　同一户籍监督区域之迁居统计。

十　国籍变更事件统计。

十一　侨居之外国人及其性别、年龄、职业、国籍统计。

十二 其他应行呈报事项。

监督官署接到前项报告后,应即编造关于全县市之分类统计季报,及统计年报,各二份,呈送民政厅。由民政厅以一份存查,一份转呈内政部。

直隶行政院之市,应依前项规定,编造统计季报,及统计年报。咨送内政部。

前三项统计表格,由内政部定之。

第十五条 户籍及人事登记事务之经费,由县、市政府税收项下支出之。

第二章 登记簿

第一节 户籍登记簿

第十六条 户籍登记簿分本籍登记簿与寄籍登记簿两种。每种各备正副二本。

前项登记簿格式由内政部定之。

第十七条 户籍登记簿,由县市政府依照格式,分别制定。于每页骑缝盖印。并于簿面之里面,记明页数,盖印。先期发交各户籍主任。

第十八条 户籍登记,每户用纸一份,每户一号。

第十九条 户籍登记,应依管辖区域内之自治区划,编订号数。分别记明于户籍登记簿内每户用纸之首。

第二十条 户籍登记簿正本,由乡镇公所或坊公所,永久保存。副本,呈送监督官署,永久保存。

第二十一条 户籍登记簿,除因避免天灾事变外,不得携出保存处所。

第二十二条 户籍登记簿,无论何人得纳费请求阅览,或交付誊本。前项阅览费,每次五分。誊本抄录费,每百字一角,不满百字者,以百字计算。

法院于必要时,得命户籍主任交付誊本。

第二十三条 户籍登记簿，因天灾事变，致一部或全部灭失、毁损时，户籍主任应从速开具下列事项，报告监督官署：

一 保存之处所。

二 灭失、毁损之页数，或册数。

三 灭失、毁损之事由。

四 灭失、毁损之年、月、日。

监督官署接到前项报告后，应令户籍主任依照户籍登记簿副本，重行编造，或补造。

第二节 人事登记簿

第二十四条 人事登记簿应依下列事项，各为一册。

一 出生。

二 认领。

三 收养。

四 结婚。

五 离婚。

六 监护。

七 死亡。

八 死亡宣告。

九 继承。

第二十五条 第十六条、第十七条及第二十条至第二十三条之规定，于人事登记簿准用之。

第三章 登记之声请

第一节 通 则

第二十六条 户籍及人事登记之声请，除另有规定外，应向声请人本籍或寄籍所在地之乡镇公所或坊公所，为之。

第二十七条 登记之声请，以书面为之。但有正当事由时，得由声请人亲向户籍主任以言词为之。

第二十八条 登记声请书，应记载下列事项，由声请人签名：

一 声请人之姓名，性别，出生年、月、日，职业，籍别，及住所。

二 声请事件及年、月、日。

声请人以言词为声请时，户籍主任应依前项各款所定事项，制作笔录，向声请人朗读，并令其签名。

第二十九条 依本法之规定，声请书应记载之事项，其事实不存在，或不知悉者，得记明其事由，而缺略之。但其事项特别重要，不得缺略者，不在此限。

第三十条 声请人非为声请事件之本人时，应于声请书中记载其与本人之关系。

第三十一条 声请义务人为未成年人或禁治产人时，以其法定代理人为声请人。但于婚姻或认领事件，不在此限。

前项声请，应于声请书中载明下列各款事项：

一 声请义务人之姓名，性别，出生年、月、日，职业，籍别，及住所。

二 不能自行声请之原因。

三 声请人与声请义务人之关系。

第三十二条 声请事件应有证明人者，声请书中应载明证明人之姓名，性别，出生年、月、日，职业，籍别，及住所。并由证明人签名。

第三十三条 声请书应笔画分明。不得用简字或符号。并不得涂抹。如有更改、增删，应记明字数，并于更改增删处，由声请人盖章。

记载年、月、日及年龄之数目字，应用大写。

第三十四条 凡登记事件，应在两处以上之乡镇公所或坊公所之登记簿为记载者，应提出与乡镇公所、坊公所同数之声请书。

在本籍、寄籍地以外为声请时，除依前项规定外，应另提出声请书一份。

第三十五条 声请事件应经官署之许可者，声请人应附具许可书之誊本。

第三十六条 声请人因疾病，或其他事故，不能亲至声请者，得由代理人为之。

前项规定，于认领收养、结婚、离婚登记之声请，不适用之。

第三十七条 侨居外国之中国人，遇有声请事件，应向中国使馆或领事馆，为之。侨居外国之中国人，如依所在国之法律程序，作成关于声请事件之证明书时，应于一个月内，将其证明书誊本，呈送所在国之中国使馆或领事馆。但其所在国无中国使馆及领事馆者，应于三个月内，或归国后一个月内，将证明书誊本呈送本籍地该管户籍主任。

使馆或领事馆，接到声请书或证明书誊本后，应于一个月内，寄送外交部。转咨内政部，饬交声请事件本人之本籍地该管户籍主任。

第三十八条 声请期间自声请事件发生之日起算。

声请期间应由法院裁判确定之日起算者，如裁判送达前已确定时，自裁判书送达于声请人之日起算。

第三十九条 户籍主任应将本法所定各项声请事件，及声请期间公告之。

户籍主任查有不于法定声请期间声请者，应定相当期间催告声请义务人声请之。

第四十条 经前条催告，而仍不依期声请者，户籍主任除呈请监督官署分别核办外，应再令声请义务人即补行声请。

第四十一条 声请期间，或催告期间，经过后，始行声请者，户籍主任仍应受理之。

第四十二条 户籍主任因声请人之请求，应发给受理声请之证明书。

第四十三条 关于登记声请之规定，于撤销登记，及变更登记之声请准用之。

第二节 户籍登记之声请

第四十四条 凡一户欲将本籍由一县市移转于他一县市者，由家长向本籍地户籍主任请求发给转籍证明书。并具声请书二份，载明下列各款事项，声请之：

　　一　家长及家属之姓名，性别，出生年、月、日，及职业。

　　二　本籍地及户籍号数。

　　三　新籍地，该管乡镇、坊之名称。

　　前项声请得向新籍地之户籍主任为之。

　　前二项之规定，于寄籍之移转准用之。

　　第四十五条　在同一县市内之户，欲由一乡镇、坊迁徙于他乡镇、坊者，应由家长具声请书，载明户籍号数，及他乡镇、坊之名称，向原乡镇、坊之户籍主任声请之。

　　户籍主任接到前项声请书后，应即作成声请人之户籍誊本。送交他乡镇、坊之户籍主任。

　　第四十六条　因声请之遗漏，或其他事由，致无本籍或发生复本籍，而声请设籍或除籍者，应先经设籍地或除籍地，监督官署之许可。

　　第四十七条　设籍之声请，应自许可之日起，十五日内，由家长开具下列各款事项，连同许可书誊本，向设籍地之该管户籍主任为之：

　　一　设籍人及其同家人之姓名，性别，出生年、月、日，及职业。

　　二　无本籍之原因。

　　三　无本籍原因发生前之旧本籍。

　　四　设籍人如为家长，其为家长之原因。

　　五　设籍人如系家属，其与家长之亲属关系。

　　依国籍法之规定，取得国籍或回复国籍，而设籍者，准用前项之规定。并应开具取得国籍或回复国籍之原因。其取得国籍、回复国籍之许可书，与该管监督官署之许可书，有同一之效力。

　　第四十八条　除籍之声请，应自许可之日起，十五日内，由家长开具下列各款事项，连同许可书誊本，向除籍地之该管户籍主任为之：

一　除籍人及其同家人之姓名，性别，出生年、月、日及职业。

二　本籍及复本籍。

三　发生复本籍之原因。

四　本籍之家属与复本籍相异时，其相异之原因。

因一户消灭而除籍者，以该户最后死亡者死亡登记之声请，视为除籍之声请。

依国籍法之规定，丧失国籍，而除籍者，内政部于发给许可证书后，应将许可书誊本，饬交其本籍地户籍主任，视为除籍之声请。

第四十九条　依确定判决，而为设籍或除籍之声请者，无须经监督官署之许可。但应附具判决书誊本。

第五十条　因分户，或其他原因，而创设新户者，准用第四十七条第一项之规定。并开具创设新户之原因。

第三节　人事登记之声请

第一款　出　生

第五十一条　子女之出生，应自出生之日起，一个月内，开具下列各款事项，声请登记：

一　子女之姓名，出生年、月、日、时，及出生地。

二　父母之姓名、职业及本籍，但未经认领之非婚生子女，仅记载其母之姓名、职业及本籍。

三　家长之姓名、职业及与出生子女之身份关系。

四　父母无国籍者，其无国籍之原因。

五　声请登记之年、月、日。

六　声请人非为父母时，其姓名、性别、职业及本籍。出生如系双胎或多胎，应为每一子女各具声请书。并载明其出生之先后。

第五十二条　出生之登记，由父或母声请之。父母均不能为声请时，依下列次序，定其声请义务人：

一　家长。

二　同居人。

三　分娩时临视之医生，或助产士。

四　分娩时在旁照护之人。

第五十三条　出生登记之声请，应向出生地之户籍主任为之。

第五十四条　对于出生之子女欲提起否认之诉者，仍应为出生登记之声请。俟其否认经判决确定后，再行附具判决书誊本，声请变更登记。

第五十五条　在医院、监狱或其他公共场所出生之子女，其父母不能为登记之声请时，由医院院长、监狱长官或其他公共场所管理人声请之。

第五十六条　在行驶之火车、长途汽车、电车或飞机中，或不备航行日记簿之船舶中出生者，以其母之到着地视为出生地。

第五十七条　在船舰航行中出生者，船长或舰长，应于二十四小时内，由船舰中选定证明人。依第五十一条所列事项，记载于航行日记簿。并记载证明人之姓名、职业及本籍。与证明人同行签名。

船舰到中国口岸时，船长或舰长，应于二十四小时内，将关于出生之航行日记誊本，送交于其他之户籍主任。船舰到外国口岸时，船长或舰长，应于二十四小时内，将关于出生之航行日记誊本，送交所在国之中国使馆或领事馆。送经外交部转咨内政部发交出生者之父母本籍地户籍主任。

第五十八条　发现弃儿时，发现人或接发现报告之警察官署，应于二十四小时内，向发见地户籍主任为出生登记之声请。户籍主任于接有前项声请时，如弃儿无姓名者，应即为之立姓，命名。并将发现之年、月、日、时，处所，附属之衣服，物件，与弃儿之姓名、性别，及推定出生之年、月、日，作成笔录，添附于声请书。

前项弃儿，如有领受人或救济机关者，应将领受人之姓名、职业、本籍住所，及领受年、月、日，或救济机关之名称、处所，及交付年、月、日，一并作成笔录。

第三项之领受人或救济机关有变更时，应由双方关系人于十五日内，向原登记地户籍主任呈报之。

第五十九条　弃儿之父或母，承领弃儿时，应于十五日内，依第五十一条之规定，为更正登记之声请。

第六十条 出生子女未及声请登记而死亡者，仍应为出生及死亡登记之声请。

前项规定于弃儿准用之。

第六十一条 出生时无气息者，为死产。凡死产应具死产登记声请书，声请登记。并于声请书内载明死产之原因。但因怀胎未满六个月而流产者，不在此限。

第二款 认 领

第六十二条 非婚生子女认领登记之声请，应由认领人自认领之日起，一个月内，开具下列各款事项为之：

一 子女之姓名，出生年、月、日、时及出生地。

二 父之职业及母之姓名、本籍。

三 子女为家属时，其家长之姓名、职业、本籍及其与子女之亲属关系。

子女如系外国人时，除前项所列各款外，并应开具本人及其母之原国籍。

第六十三条 认领未出生之子女时，应于声请书内，载明其未出生之事实。如认领后出生子女为死产时，认领人应自知其事实之日起，十五日内，向认领登记之原声请地，为死产登记之声请。

第六十四条 依遗嘱为认领时，遗嘱执行人应自就职之日起，十五日内，附具遗嘱誊本，为认领登记之声请。

第六十五条 认领之判决确定时，起诉人应自判决确定之日起，十五日内，附具判决书誊本，为认领登记之声请。并应于声请书内，载明判决确定之年、月、日。

第六十六条 监督官署及户籍人员，编制关于非婚生子女之出生统计报告时，不得记载其姓名及其父母之姓名。

违反前项之规定者，利害关系人得请求赔偿。

第三款　收　养

第六十七条　收养登记之声请，应由养父或养母，自收养之日起，一个月内，开具下列各款事项为之：

一　养父母及养子女之姓名，出生年、月、日，职业及本籍。

二　养子女本生父母之姓名、职业及本籍。养子女为弃儿时，其发现处所，及领受人之姓名、职业，或救济机关之名称。

三　当事人为家属时，其家长之姓名、职业、本籍及与养子女之关系。

四　证明人之姓名、性别、职业及本籍。

五　养子女为外国人时，其原国籍。

前项登记声请，应向养父母之本籍地或寄籍地户籍主任为之。

第六十八条　终止收养关系登记之声请，应自收养关系终止之日起，一个月内，开具下列各款事项为之：

一　养父母及养子女之姓名，出生年、月、日，职业及本籍。

二　养子女本生父母之姓名、职业及本籍。

三　当事人为家属时，其家长之姓名、职业、本籍及与养子女之关系。

四　证明人之姓名、性别、职业及本籍。

五　收养登记声请之年、月、日。

六　收养关系终止之原因，及年、月、日。

七　养子女无家可归时，其事由。

第六十九条　前条登记之声请人，因判决终止收养关系时，由养父母请求终止者，为养父母。由养子女请求终止者，为养子女。因同意终止时，为养父母及养子女。

第四款　结　婚

第七十条　结婚登记之声请，应由双方当事人自结婚之日起，十五日内，开具下列各款事项为之：

一　双方当事人之姓名，出生年、月、日，职业及本籍。

二　双方父母之姓名、职业及本籍。

三　双方家长之姓名、职业、本籍及与当事人之亲属关系。

四　证人之姓名、性别、职业及本籍。

五　结婚之年、月、日及所在地。

六　有非婚生子女，因结婚而取得婚生子女身份关系时，其子女之姓名，及出生年、月、日。

七　当事人之一方为外国人时，其原国籍。

八　再婚者，其前妻或前夫之姓名、职业、本籍，及前婚姻关系消灭之年、月、日。

第七十一条　结婚应得法定代理人之同意者，应附具同意之证明书类。

第七十二条　结婚登记之声请，应向结婚时住所所在地之户籍主任为之。

第七十三条　因结婚无效而声请撤销登记者，应提出无效事由之证明书类为之。

因结婚撤销而声请撤销登记者，应由请求撤销人自判决确定之日起，十五日内，提出判决书誊本为之。

第五款　离　婚

第七十四条　离婚登记之声请，应由双方当事人，自离婚之日起，十五日内，开具下列各款事项为之。

一　双方当事人之姓名，出生年、月、日，职业及本籍。

二　双方父母之姓名、职业及本籍。

三　双方家长之姓名、职业、本籍及与当事人之亲属关系。

四　离婚之年、月、日及所在地。

五　两愿离婚者，其离婚之书面誊本。判决离婚者，其判决书誊本。

六　离婚应得法定代理人之同意者，应附具同意之证明书类。

第七十五条　离婚登记之声请，应向离婚时当事人住所所在地之户籍主任为之。

第六款 监 护

第七十六条 监护登记之声请，应由监护人，自监护开始之日起，十五日内，开具下列各款事项为之。

一 监护人之姓名，性别，出生年、月、日，职业，本籍及住所。

二 受监护人之姓名，性别，出生年、月、日，职业及本籍。

三 家长之姓名、职业、本籍及与受监护人之关系。

四 监护之原因，及监护开始之年、月、日。

五 为监护人之原因，及其证明书类。

第七十七条 监护人有更换时，新监护人除依前条规定，声请登记外，并应开具原监护人之姓名，及其更换原因。

第七十八条 监护关系终止时，监护人应于十五日内，开具下列各款事项，声请为监护关系终止之登记：

一 受监护人之姓名，性别，出生年、月、日，职业及本籍。

二 监护关系终止之原因，及年、月、日。

第七十九条 关于监护登记之声请，应向受监护人本籍地或寄籍地之户籍主任为之。

第七款 死 亡

第八十条 死亡登记之声请，应由声请人于知其死亡之日起，七日内，开具下列各款事项为之：

一 死亡者之姓名，性别，出生年、月、日，职业及本籍。

二 死亡之年、月、日、时及所在地。

三 死亡之原因。

四 死亡者配偶之有无。有配偶时，其姓名。

五 死亡者父母之姓名、职业及本籍。

六 家长之姓名、职业、本籍及与死亡者之亲属关系。

七 停厝或埋葬地。

第八十一条 前条声请人，依下列次序定之：

一　家长。

二　同居人。

三　死亡者死亡时所在之房屋或土地，管理人。

四　经理殓葬之人。

第八十二条　死亡登记之声请，应向死亡地，或死亡者之本籍地，或寄籍地之户籍主任为之。

在行驶之火车、长途汽车、电车或飞机中，或不备航行日记簿之船舶中死亡者，得于到着地为死亡登记之声请。

第八十三条　第五十七条之规定，于死亡登记之声请准用之。

第八十四条　执行死刑时，应由行刑公务员开具第八十条所列各款事项，向行刑地之户籍主任为死亡之通知。

在监人于监狱内死亡，而无人承领时，应由监狱管理人向监狱所在地之户籍主任为前项之通知。并应附具诊断书，或检验笔录誊本。

第八十五条　因水灾、火灾或其他事变而死亡者，应由调查灾难之公务员，向死亡者本籍地之户籍主任为死亡之通知。

第八十六条　死亡者之本籍不明，或不能认识其为何人时，该管警察官署自治机关应报告该管司法机关。派员莅场检验。随作检验笔录誊本，通知死亡地之户籍主任。

第八款　死亡宣告

第八十七条　死亡宣告登记之声请，应由声请宣告死亡之人自判决确定之日起，于十日内，开具下列各款事项，附具判决书誊本为之：

一　受死亡宣告者之姓名，性别，出生年、月、日，职业及本籍。

二　受死亡宣告者之失踪年、月、日。

三　死亡宣告之年、月、日。

四　家长之姓名、职业及与受死亡宣告者之亲属关系。

五　受死亡宣告者为家长时，其新家长之姓名、职业及与前家长之亲属关系。

第八十八条 死亡宣告经撤销时，应由声请撤销死亡宣告之人自判决确定之日起，十日内，提出判决书誊本，为撤销登记之声请。

第九款 继 承

第八十九条 继承登记之声请，继承人应自知悉其得继承之时起，二个月内，开具下列各款事项为之：

一 继承人之姓名，性别，出生年、月、日，职业，本籍及所在地。

二 被继承人之姓名，性别，出生年、月、日，职业，本籍及与继承人之亲属关系。

三 继承开始之年、月、日。

四 继承人为未成年人时，其法定代理人之姓名、性别、职业及本籍。

指定继承人为继承登记之声请时，并应附具遗嘱誊本。

第九十条 继承人为胎儿时，继承登记之声请，应由其母或监护人为之。并应附载其母或监护人之姓名、职业及本籍。

第九十一条 因继承而提起诉讼者，应于判决确定后，附具判决书誊本，为继承登记之声请。

第九十二条 第八十九条至第九十一条之声请，应向被继承人之本籍地，或寄籍地之户籍主任为之。

第四章 登记程序

第九十三条 户籍主任收受关于户籍及人事登记之各项书类后，应依本籍、寄籍，及应行登记事项之性质，分别登记于相当之登记簿。如因人事登记事项致户籍有变更时，并应登记于相当之户籍登记簿，或通知该管户籍主任。如本籍或寄籍有变更时，应通知关系户籍主任，为本籍、寄籍之注销，或转籍之登记。

前项登记并应记明各项书类收受之号数，年、月、日，及送交者之姓名、职业、住所。送交者为机关或公务员时，其机关名称，或官职、姓名。

　　第九十四条　在同一监督区域内，一种登记涉及本籍人及寄籍人者，应分别登记于本籍登记簿及寄籍登记簿。并各附记对照号数于登记栏外。

　　第九十五条　登记之撤销或变更，应于原登记栏外登记之，并应依其本旨，注销或变更原登记。

　　第九十六条　本籍不明者，经登记于寄籍登记簿后，其本籍分明时，应依声请或通知，于原登记栏外，为变更登记。

　　前项已分明之本籍，如与其登记之寄籍属于同一管辖区域时，应登记于本籍登记簿，而撤销寄籍登记簿之原登记。并各附记对照号数于登记栏外。

　　第九十七条　被登记者非本籍人时，受声请之户籍主任应于登记后即将声请书复本分别送交其本籍地、寄籍地之管辖户籍主任。

　　第九十八条　关于人事登记，应依第三章第三节各款所定声请书内应记载事项，分别登记于第二十四条所定之登记簿内。如登记事项涉及二款以上者，并应各附记对照号数于登记栏外。

　　第九十九条　户籍登记，应于第十八条所定之登记簿用纸内，登记下列事项：

　　一　家长、前家长及家属之姓名，性别，出生年、月、日，职业及本籍。

　　二　成为家长及家属之原因及年、月、日，但因出生而为家属者，不在此限。

　　三　家长与前家长之亲属关系。

　　四　家长与家属之亲属关系。

　　五　由他家人为家属者，其原籍。

　　六　家长家属有变更时，其原因及年、月、日。

　　七　有监护人时，监护人之姓名、住所、职业，及监护开始终止之年、月、日。

　　八　其他关于家长或家属之关系事项。

　　第一百条　登记家长及家属之姓名时，应依下列次序：

　　一　家长。

二　家长之配偶。

三　家长之直系尊亲属。

四　家长之直系卑亲属及其配偶。

五　家长之旁系亲属及其配偶。

六　其他家属。

直系亲属或旁系亲属间之次序，以亲等近者为先，亲等同者，依其出生之先后。

第一百零一条　受理家长变更之声请时，应根据前家长之户籍及其号数，并就变更事项编订新家长之户籍，将前家长之户籍注销。

前项新编户籍之副本，应与原户籍之注销誊本一并送呈监督官署。

第一百零二条　受理第三十七条之声请时，户籍主任应依法登记。并将其声请书之誊本送呈监督官署。

第一百零三条　受理第四十四条转籍声请时，户籍主任应依据声请书所载事项编订新户籍，以新户籍之副本送呈监督官署。原籍地之户籍主任于接受前项之声请书时，应记载其转籍事由于原户籍而注销之。并将其誊本呈送监督官署。

转籍人于新管辖户籍主任为转籍之登记时，取得新本籍或寄籍。

第一百零四条　一户仅有一人因死亡或受死亡宣告而为绝户者，户籍主任应经监督官署许可于该户籍记载绝户原因及年、月、日，而注销之。并将其注销誊本送呈监督官署。

第一百零五条　受理第四十五条之迁徙声请时，户籍主任除将声请人之户籍誊本送交新管辖区域之户籍主任外，应记载其迁徙事由于原户籍而注销之。并将其注销誊本送呈监督官署。

第一百零六条　受理第四十七条之设籍声请时，准用第一百零三条第一项之规定。

第一百零七条　受理第四十八条之除籍声请时，户籍主任应记载其除籍事由于原户籍而注销之。并将其注销誊本送呈监督官署。

第一百零八条　户籍编订后，成为家属，而不能依第一百条之次序登记时，应登记于已登记之家属姓名之次。

第一百零九条 登记除另有规定外，应按件依收受次序为之。并逐件编订号数。

户籍主任应于每件登记末尾盖印。

为栏外登记而用纸不敷时，得用附笺。但应由户籍主任于粘附处加盖骑缝印。

第一百一十条 第三十三条之规定，于登记准用之。

第一百一十一条 登记后，应将登记事项之关系书类附记登记号数及年月日依照登记簿种类编订成册，附具目录，按月送交监督官署保存之。其保存期间，由内政部定之。

第一百一十二条 户籍主任于登记后，应即按件分别誊写于关系登记簿。副本送呈监督官署。送呈后，应为栏外登记时，由户籍主任作成栏外登记誊本，补送监督官署。

监督官署接受前项补送誊本时，应粘附于登记簿副本中相当登记栏外，加盖骑缝印。

第一百一十三条 凡管辖区域土地区划名称及门牌号数有变更时，登记簿所记载之区域区划名称及号数应即按照更正。

第一百一十四条 每届年终，户籍主任应于最后登记之末记载终结字样，签名盖印。

前项规定，于未至年终而登记簿用纸已尽时，准用之。

第五章 登记之变更或更正

第一百一十五条 欲变更户籍及人事登记者，应经该管监督官署许可，始得声请。

第一百一十六条 变更登记之声请，应自许可之日起，于十五日内，开具下列各款事项，附具许可书誊本，向原登记之户籍主任为之：

一 原登记事项之名称及年、月、日。

二 所变更之事项。

三 变更之原因及许可年、月、日。

因确定判决而变更登记时，并应附具判决书誊本，依前项规定，声请之。

第一百一十七条　登记后利害关系人如发见有法律上不能允许之事项，或有错误脱漏情事时，得经该管监督官署或司法机关之许可，声请更正登记。

前项情事，由户籍主任发见时，应即通知原声请人，或利害关系人，为更正登记之声请。

第一百一十八条　因确定判决而应为更正登记时，利害关系人应自判决确定之日起，于一个月内，附具判决书誊本，声请之。

第一百一十九条　变更姓名者，应自许可之日起，十五日内，开具下列各款事项，附具许可书誊本，声请之：

一　变更前之原姓名。

二　变更后之新姓名。

三　变更之原因及许可之年、月、日。

第六章　诉　愿

第一百二十条　关于户籍或人事登记事件，以户籍主任之处分为不当或违法者，得诉愿于该户籍主任所属之监督官署。

前项诉愿，应提出诉愿书，附具声请书及其他关系书类。

第一百二十一条　前条诉愿书应缮具副本，分送原处分之户籍主任。户籍主任接到诉愿书副本，认诉愿为有理由者，应即行变更或撤销其原处分。呈报监督官署。并通知诉愿人。认为无理由者，应附具答辩书，及关系书类，于十五日内，送呈监督官署。

第一百二十二条　监督官署认诉愿为无理由者，应以决定驳回之。有理由者，应以决定令户籍主任变更，或撤销原处分。诉愿之决定，应送达于户籍主任及诉愿人。

第一百二十三条　诉愿人不服监督官署之决定者，得向直接上级官署提起再诉愿。以再诉愿之决定为最终之决定。但违法处分于再诉愿决定后仍得依法提起行政诉讼。

第七章 罚 则

第一百二十四条 于法定期间内，无正当理由，应声请登记而不为声请者，处五角以下之罚锾。

第一百二十五条 于户籍主任所定催告期间内，仍不为声请者，处一元以下之罚锾。

第一百二十六条 声请人为不实之呈报者，处二元以下之罚锾。因而致发生两本籍或两寄籍者，处三元以下之罚锾。

第一百二十七条 户籍主任有下列情事之一者，处十元以下之罚锾：

一 无正当理由，不受理关于户籍或人事登记之声请者。

二 怠于户籍或人事之登记者。

三 依本法应行呈报监督官署或转送其他户籍主任之事项不为呈报或转送者。

四 对于本法规定之统计季报、统计年报及其他报告，不按期编送者。

第一百二十八条 户籍主任有下列情事之一者，处五元以下之罚锾：

一 无正当理由拒绝请求阅览户籍登记簿或人事登记簿者。

二 无正当理由不交付户籍或人事登记之誊本者。

三 无正当理由不交付户籍或人事声请之证明书者。

第一百二十九条 前二条罚锾之决定，由户籍主任所属之监督官署为之。

第一百三十条 意图便利自己或他人，或陷害他人，关于户籍及人事登记，为诈伪之声请者，处一年以下之徒刑或五十元以上五百元以下之罚金。

第八章 附 则

第一百三十一条 本法施行细则，由内政部定之。

第一百三十二条 本法施行日期，以命令定之。

附录三 美国人口统计重要表格

调查员宣誓

第十四次人口调查

宣誓人　　　　　谨宣誓翊赞美国宪法无俾见害于中外愿矢赤忱衷口如一今将服官富忠所职凡人口统计局所需之材料皆将秘之舍去局长所任之官长誓不泄于他人。

上帝　鉴之

宣誓人
监誓人某官
年　　月　　日

调查员证状

第　　号

　　兹证明　　　　　　为美国人口调查局已宣誓之职员担任第十四次人口调查工作有权收集人口调查法及依此法而制定之表格所需之问题所有收集之消息彼皆将严守秘密彼曾宣誓除彼之长官而外决不泄漏于他人须至证明者。

人口调查局局长

一九＿＿年＿月＿日

副署者：＿＿＿＿

调查监督：＿＿＿＿

职员签字：＿＿＿＿

调查员逐日工作报告单

第_____调查区

一九二〇年一月_____日报告

本日调查成绩如下

人口普通表格之人数 ……………………………………………… _____

农业普通表格之农庄数 ………………………………………… _____

庄外牲畜特种表格之圈棚数 …………………………………… _____

本日确费光阴 ………………………………………… ____时____分

上开成绩及光阴均系正确此证

_____

调查员

_____   _____

邮局   法区

调查员逐日工作报告提要

_____调查监督区_____

日期	收到日报表数目 9～190	报告之人口数目	报告之农庄数目	报告之圈棚等项数目
此次报告 前次报告	×			
截至本次总数	×			

调查员总数_____
调查完毕之调查员总数_____

_____
调查监督

257

调查员备忘录

调查监督区_____　　　调查区_____　　　城市_____

街名	门牌号数	房屋层次	房屋情形	调查日期	不能调查之原因	表格	
						张	行

商部直辖人口调查局

美国第十四次调查：1920 ___人口

州名___
司法区名___
司法分区名___　城名___
机关名称___　（在调查机关之时）　___年___月___日调查

第___监督区
第___调查区　第___页
调查员___

住所		姓名	亲缘	住宅所有权	个人状况			公民资格		教育			原籍及语言							本人	职业			农业调查表号数
街名门牌号名	调查号数 居住号数	凡于一九二〇年一月一日居本宅者皆须填报	本人对于家长之关系 如系自有，曾否抵押	本人自有或租借	性别	肤色或种族	年龄	婚姻情形	何时迁入美国	已入国籍否，何时入籍	在一九一九年八月以后曾否入学	能读书否	能写字否	本身出生地	父 祖国出生地	父 祖国方言	母 祖国出生地	母 祖国方言		能说英语否	曾习何种职业	现在何处服务	店主雇佣或独立经营者	调查表号数

美国第十四次人口调查

调查完功呈报书

　　兹于一九二〇年　　月　　日将所任之区调查完毕并经遵守法律及予之就职宣誓将所得结果准时实报此证。

　　已完成之结果已(或将)由邮政 ……………………………………

　　寄出

　　第　　区调查员 ……………………………………

　　邮局 ……………………………………

　　法区 ……………………………………

调查员传票

美国

……省第……调查监督区第……调查区调查员…………Dr.

依照一九一九年三月三日之条例，帮理第十四次人口调查（其报酬依法由人口调查局局长定之）如下：

摘　　　要		金　　　额	
		元	分
调查人口……人	每人洋……分		
调查农庄……家	每家洋……分		
调查农庄以外牲畜之圈棚等	每棚洋　十　分		
共计……日每日至少工作八时	自一九二〇年……		
至一九二〇年……	每日 $ ……		
休业*			
总　　　计			

　　　＊说明星期日及其他之休业　　　星期日不支给计日工资

………传票号数

开报额　　　$

差额　　　$ ＿＿＿＿＿＿＿＿支票号数…………年…月…日

核支　　　$ ＿＿＿＿＿＿＿＿美国金库　台照

商部人口调查局
标准出生报告单

本州档号_____

注册数号_____

1. 出生地_____ 　　司法区_____州_____ 　　司法分区_____或镇 　　城_____门牌号数_____街名_____第___自治区 　　　　　（若婴儿生于医院或慈善机关只须说明该机关之名称）	
2. 婴儿姓名_____（若婴儿尚未命名此后应呈递补充报告	

3. 婴儿性别	如系多胎 应答本栏 问题	4. 双胎、三胎或多胎 5. 该婴儿系此次第　胎	6. 是否合法	7. 出生时期 （年、月、日）

父	母
8. 姓名	14. 姓名
9. 住址 （通常寄居之地） 如不住本地说明州及地方	15. 住址 （通常寄居之地） 如不住本地说明州及地方
10. 肤色或种族 ・ 11. 已过年龄_____	16. 肤色或种族 ・ 17. 已过年龄_____
12. 出生地（城或地方）_____ （州或司法区）	18. 出生地（城或地方）_____ （州或司法区）
13. 职务 　　业务	19. 职务 　　业务

20. 婴儿于亲兄弟中之行次_____	(a) 亲兄弟生存之人数_____ (b) 亲兄弟死亡之人数_____ (c) 息胎_____

续表

临床医士或助产妇证明书*

余于是日____午____时亲为该婴儿收生该婴儿系_____

此证　　　　　　　　　　　　　　　　　　（出生或息胎）

{ * 如无临床医生或助产妇则婴儿之父
　 或该屋屋主等人应出具证明书
　 凡婴儿在出生之时无呼吸与生机者
　 谓之息胎 }

签字_____

_____

（医生或助产妇）

补充报告之_____　　　　住址_____

婴儿姓名　　（　　年　月　日报告）　归档　　年　月　日

_____　　　　　　　　　　　_____

　　注册主任　　　　　　　　　　　　　　注册主任

263

标准死亡报告单

1. 死亡地点 司法区_____州_____注册号数_____ 司法分区_____或镇_____或 城_____门牌号数_____街名_____区名_____ 　　　　　（若死于医院或其他慈善机关只须记明该机关之名称） 2. 姓名_____ 　(a)住址_____门牌号数_____街名_____区名_____ 　　（常　寄居之地）　　　　　（若不住于本城注明原住之地） 　(b)死者曾寄居本地_____年____月____日 　　　　　若生于外国共寄居美国_____年____月____日	
	医生证明书
3. 性别	4. 肤色或种族	5. 未婚、已婚、丧偶或离婚(注明)	16. 死亡日期_____年____月____日
5a. 凡已婚、丧偶，或离婚者注明 　　　_____之夫 　　或_____之妻			17. 死者自_____年____月____日至_____年____月____日由余治疗余最后于_____年____月____日犹见死者生存旋于当日____午____时身死此证死亡主因＊如下：
6. 出生日期(年、月、日)			
7. 年龄 年　　月　　日		若年龄不满一日_____时 或_____分	（经过）_____年____月____日 副因 （经过）_____年____月____日
8. 死者之职业 　(a)职务_____ 　(b)业务_____ 　(c)雇主姓名_____			18. 如身死地点与染病地点不同，注明染病地点_____ 生前曾否经过外科手术？_____之日期为_____ 死后曾否剖验？_____ 剖验之结果_____ 　　　　　　　　　　　　　　（医生签字）_____
9. 出生地(城或司法分区)_____ 　(州或司法区)			年　　月　　日　　　　　　　　（住址）
父母	10. 父之姓名		＊说明致死之原因如系横死说明 　(1)伤害之方法及性质 　(2)灾害、自杀或仇杀
	11. 父之出生地（城或司法分区）____（州或司法区）		
	12. 母之姓名		
	13. 母之出生地（城或司法分区）____（州或司法区）		16. 葬埋、火化或运徙之地点	葬埋日期_____年____月____日
14. 报告人_____ 　(住址)			
15. 归档_____年____月____日_____ 　　　　　　　　　　　注册主任			20. 殡舍主人姓名	住址

264

死亡注册证

（由殡舍保存）

　　死者_____系_____地方人，已于_____年___月___日在_____地方注册完毕此证。

_____

注册主任

　　　　_____年_____月_____日

葬埋准许状

（由殡舍送交坟主保存）

　　死者_____系_____地方人，已于_____年___月___日在_____地方注册完毕准予葬埋此证。

_____

注册主任

　　　　_____年_____月_____日

运枢证

在启运之先应已有葬埋准许状本证不得用作替代品 护枢者应随时携带本证于到达时将本证呈交当地官厅	（死亡报告单） 20. 死亡注明业已完毕 准予发给运枢证 $\Big\{$ 注册主任　　（时期）

证号＿＿＿＿

卫生局准许状

（本状及上载运枢证应送交转运人于到达后连同尸枢送到）

城名＿＿＿＿＿＿＿＿

时期＿＿＿＿＿＿＿＿

兹有＿＿＿＿＿＿＿之尸体搬运至＿＿＿＿＿＿＿地方，一切手续皆已遵章完毕此证。

护枢人名＿＿＿＿＿＿＿

＿＿＿＿＿＿＿＿＿＿＿＿＿＿＿＿＿＿＿

此证及准许状应共粘于枢上

婚姻注册单

1. 结婚地点＿＿＿＿＿＿＿城＿＿＿＿＿＿＿州 司法分区或镇＿＿＿＿＿＿＿ 2. 结姻时期＿＿＿＿＿＿＿ （不须记载村名或区名） 年 月 日 注册号数＿＿＿＿＿＿	

新郎		新妇	
3. 姓名		13. 姓名 （若系孀妇或离婚之妇应并注明母氏）	
4. 年岁	5. 肤色	14. 年岁	15. 肤色
6. 住址		16. 住址	
7. 婚姻次第 （例如第一次、 第二次、第三次）	2. 未婚、丧偶或离婚	17. 婚姻次第 （例如第一次、 第二次、第三次）	18. 未婚、丧偶或离婚
9. 职业		19. 职业	
10. 出生地		20. 出生地	
11. 父之姓名		21. 父之姓名	
12. 母之姓名		22. 母之姓名	

23. 上述二人之结婚志愿已由余依法登记于＿＿＿＿＿＿城之册籍并已发给注册单此证 ＿＿＿＿＿＿＿＿＿＿＿ ＿＿＿＿年＿＿＿月＿＿＿日   ＿＿＿＿＿＿城之注册主任
24. 兹已于＿＿＿＿＿＿年＿＿＿月＿＿＿日在＿＿＿＿＿＿城为二人证婚此证 证婚人＿＿＿＿＿＿＿＿＿＿＿ 住址＿＿＿＿＿＿＿＿＿＿＿
25. 兹已于＿＿＿＿＿＿年＿＿＿月＿＿＿日收到本注册单此证 ＿＿＿＿＿＿＿＿＿＿＿ ＿＿＿＿＿＿＿城之注册主任